話が弾む中国語

yanchan
ヤンチャン著

SANSHUSHA

はじめに

皆さん、こんにちは！　日本で中国語・中国文化YouTuberとして活動しているヤンチャン(楊小溪)です。私は大学時代から中国語教育に携わり、上海にある日本人が学ぶ中国語学校でアルバイトをしていました。日本に来てからも、マンツーマンの中国語レッスンや、NPOで中国語講師を担当してきました。その経験から、多くの学習者に共通する問題に気づきました。それは、HSK4級に合格しても、中国語ネイティブとのコミュニケーションが難しく、中国人同士の実際の会話を聴き取れないことです。もしあなたもその一人であれば、本書は役に立つと思います。

そういう私も、実は日本語学習者として同じ悩みを経験してきたので、私自身の語学学習の経験についてお話したいと思います。私は「あ、い、う、え、お」から日本語を学び始めたのは18歳の大学生の時でした。大学で日本語を2年間勉強し、日本語能力試験N2(難易度で言うとHSK4～5級相当)に、さくっと合格しました。しかし、大学3年生で留学のため来日したところ、初めは現地の日本人と全然上手くコミュニケーションできませんでした。自分の言いたいことは上手く伝えられないし、日本人の話す日本語を理解することさえ難しい状態でした。それは、日本人、特に若者は、普段教科書には載っていない日本語をたくさん使っていたからです。その時、自分の外国語の学習方法に何か問題があるのではないかと思いました。そして、学習方法を工夫することで、半年後にようやくスムーズに会話できるようになりました。その後は、日本語で卒論を書いたり、就職したり、動画を撮ったり、起業したりと、日本語というツールを自由に使っています。まず皆さんに信じてほしいのは、大人になってからでも外国語を習得することは可能だということです。

では、長い間中国語を勉強したにもかかわらず、ネイティブの中国語を聴き取れなかったり、中国人とコミュニケーションできなかったりするのはなぜでしょうか？　それには2つの理由があると思います。1つはリアルな中国語材料のインプットが少なすぎること、もう一つはアウトプットが足りないことです。

インプット

　教科書の内容はもちろん言語の基礎を学ぶのにとても重要です。でも、大半の教科書で使われている例文や単語は、私たちのリアルな生活とはギャップがあります。日常会話でよく使われるスラングや俗語は、教科書ではあまり紹介されません。例えば、「やばい」「マジ」「ウザい」「ワンチャン」……。こういった言葉は日本語の教科書には載っていないし、テストの問題にも絶対に出てきませんが、普通の生活でよく使われます。
　またリスニングでも同じです。学校の中国語の先生にしても、教科書に付いている音声にしても、HSKの問題にしても、使われているのはごくきれいな標準語(普通話)です。でも実際には、教科書の音声のようにはっきりと発音できる中国人の方が少なく、ほんのわずかしかいません。中国は国土が広く、さまざまな方言や言語があるため、たとえ標準語(普通話)を話せても、出身地の言葉の影響を受けて訛ります。一般的に、北方人はより標準的な普通話を話し、南方人は巻き舌音や鼻音・奥鼻音が比較的に弱い傾向があります。標準的な中国語の表現や標準的な発音だけを聴いて勉強しても、リアルな社会でされる会話はそれとはギャップが大きいので、理解することは難しいでしょう。

アウトプット

　スピーキングについての解決策は、簡単です。たくさんしゃべる練習をすれば解決します。でも、いきなりネイティブスピーカーと話す自信がない場合は、どうすればよいでしょうか？　まずはシャドーイングをお勧めします。私は日本に来てからテレビを観る時はいつも、出演者が話すことを聞きながら真似することを習慣にしています。最初は何を言っているのか分からないことも多かったのですが、そんなことはどうでもいいのです。一つひとつ、単語の意味を理解する必要もなく、ただ聴いた音を繰り返すだけでいいのです。これは口周りの筋肉と、言語感覚を鍛えるのに最適な方法だと思います。こうすることで私の日本語の発音が正確になっただけでなく、それまで区別できていなかった文法や微妙なニュアンスも自然と理解できるようになりました。また、来日当初、カラオケ店でアルバイトをしていました。すぐに日本語で接客の仕事ができないと生活が成り立たないので、バイト先で接客のために必要な会話や、どんなシチュエーションで何を言うべきかをノートに書き出し、毎日何度も読み返し、すべて暗記しました。すると3カ月後には、一人でお店の業務全般を担当でき、予約電話も接客も問題なくこなせるようになりました。ほかの分野の日本語を完全に理解できるわけではなかったのですが、少なくともバイト先では日本語でちゃんと業務ができるようになりました。このように、スピーキングの練習では、ある場面や話題を何度も繰り返すのが効率的だと思います。

このような個人的な経験や洞察に加え、世界的に有名な言語教育の専門家であるクリス・ロンズデール氏の提唱する方法や、スティーブ・カウフマン氏といった多言語話者の学習法も参考に、本書を書きました。

本書の特徴

①自然な中国語

文章も例文も単語も、中国人がリアルな生活でよく使う表現です。
普段話す時に使わない書面語や古い表現などを
なるべく避けています。

②25のトピック

実際に中国人とのおしゃべりで、
話題にしやすいトピックを25個取り上げました。

③ヤンチャンと王陽さんの音声

ヤンチャンは中国南部の四川省出身、
王陽さんは江蘇省出身なので、
実際の中国人が話す時のリアルな発音を実感できます。

また、この本のお勧めの使い方があります。

①まず本文を読まずに、音声を先に聴いてください。
聴いた後、日本語訳を参照して、
大体何パーセントの内容が分かったか確認します。
②分からない単語や文法は、もう一度読んで確認してください。
③初めて見る単語は、ネットで写真を検索してみたり、
使われているほかの例文を探してみましょう。
紙幅の関係で、十分に説明できない単語も多いため。
④2回目からは1.5倍速で聴き、
それに続けてシャドーイングしましょう。
一度速いスピードの音声に慣れておくと、
普通のスピードの音声がとても明瞭で理解しやすいと
感じるため。
⑤あなたがよくおしゃべりする話題をいくつか選んで、
そこに出てくる例文と文章を暗唱しましょう。
⑥本書で学んだ表現を使って、
勇気を出して中国人と会話の練習をしましょう!

本書は私が執筆した初めての中国語学習書です。文法説明の部分では完璧でなかったり、学術的な専門性に欠けていたりするかもしれませんが、中国語を勉強する皆さんの会話力の向上に役に立てるとうれしいです。一番大切なことは、言語学習に対する認識と学習方法を変えて、頭で考えなくても思わず口から出る「会話が弾む」能力を身につけることです!

ヤンチャン

無料音声ダウンロード・ストリーミング 利用の方法

1

PC・スマートフォンで本書の音声ページにアクセスします。
https://www.sanshusha.co.jp/np/onsei/isbn/9784384060881/

2

シリアルコード「06088」を入力。

3

音声ダウンロード・ストリーミングをご利用いただけます。

話が弾む中国語

目次

自己紹介 1 自我《Zìwǒ》介绍《jièshào》

音読 ✓ ✓ ✓ ✓ ✓

実践 ✓ ✓ ✓ ✓ ✓

音声 1

朋友●你好《Nǐ hǎo》，我是《wǒ shì》小溪《Xiǎoxī》，很高兴《hěn gāoxìng》见到《jiàndào》你《nǐ》呀《ya》！

山田●你好《Nǐ hǎo》，我叫《wǒ jiào》山田翔太《Shāntián Xiángtài》。很高兴《Hěn gāoxìng》认识《rènshi》你《nǐ》。

我《wǒ》来自《láizì》日本《Rìběn》的《de》福冈县《Fúgāng xiàn》[1]，现在《xiànzài》在《zài》东京《Dōngjīng》上《shàng》大学《dàxué》[2]。我《Wǒ》从《cóng》大《dà》一《yī》开始《kāishǐ》学《xué》中文《Zhōngwén》，现在《xiànzài》已经《yǐjīng》学了《xuéle》3年《sān nián》了《le》[3]。希望《Xīwàng》可以《kěyǐ》认识《rènshi》更《gèng》多《duō》的《de》中国《Zhōngguó》朋友《péngyou》，将来《jiānglái》有《yǒu》机会《jīhuì》也《yě》想《xiǎng》去《qù》中国《Zhōngguó》工作《gōngzuò》。请《Qǐng》多多《duōduō》教《jiào》我《wǒ》中文《Zhōngwén》，谢谢《xièxie》！

友達●こんにちは、シャオシーです。会えてうれしいです！

山田●こんにちは、山田翔太です。お知り合いになれてうれしいです。日本の福岡県の出身で、今は東京で大学生をしています。大学1年から中国語を始めたので、もう3年になりました。もっとたくさんの中国人と友達になりたいし、将来チャンスがあれば中国で働きたいとも思っています。中国語を教えてください。よろしくお願いします。

単語 音声2

	高兴《gāoxing》	见到《jiàndào》	呀《ya》	叫《jiào》
	うれしい	会う	「啊」の音節尾音	～という
来自《láizì》	福冈县《Fúgāng xiàn》	上大学《shǎng dàxué》	已经《yǐjīng》	认识《rènshi》
～から来る	福岡県	大学に通う	もう	知り合う
更多《gèng duō》	将来《jiānglái》	机会《jīhuì》	工作《gōngzuò》	
もっとたくさんの	将来	機会	仕事をする	

構文・フレーズ 音声3

出身地は、「来自」で。

本文1 我《wǒ》来自《láizì》日本《Rìběn》的《de》福冈县《Fúgāng xiàn》。

例文 我《wǒ》来自《láizì》日本《Rìběn》的《de》北海道《Běihǎidào》。

私は日本の北海道出身です。

職業などどこで何をしているかは、「場所＋動詞」の順で。

本文2 现在《Xiànzài》在《zài》东京《Dōngjīng》上《shàng》大学《dàxué》。

例文 现在《Xiànzài》在《zài》IT《IT》公司《gōngsī》工作《gōngzuò》。

今はIT企業で仕事をしています。

学習歴を伝える時、「いつ」は動詞より先に、時間量は動詞の後に。
継続している場合は文末の「了」を忘れずに。

本文3 现在《Xiànzài》已经《yǐjīng》学了《xuéle》3年了《sān niánle》。

例文 我《Wǒ》上《shàng》大学《dàxué》时《shí》学了《xuéle》3年《sān nián》。

大学の時3年勉強しました。[今はしていません]

使える表現

音声 4

叫《Jiào》我《wǒ》爱里《Àilǐ》就《jiù》可以《kěyǐ》了《le》。
アイリと呼んでください。

我《Wǒ》从《cóng》5《wǔ》岁《suì》开始《kāishǐ》学《xué》钢琴《gāngqín》。
5歳からピアノを習い始めました。

我《Wǒ》是《shì》公务员《gōngwùyuán》。
私は公務員です。

我《Wǒ》的《de》工作《gōngzuò》是《shì》设计《shèjì》。
私の仕事はデザインです。

我《Wǒ》正在《zhèngzài》找《zhǎo》工作《gōngzuò》。
私は仕事を探しています。

我《Wǒ》是《shì》自学《zìxué》中文《Zhōngwén》。
私は中国語を独学しています。

我《Wǒ》有《yǒu》一《yí》个《ge》中国《Zhōngguó》朋友《péngyou》教《jiāo》我《wǒ》中文《Zhōngwén》。
中国人の友達に中国語を教えてもらいました。

我《Wǒ》小《xiǎo》时候《shíhou》住《zhù》在《zài》上海《Shànghǎi》，但《dàn》我《wǒ》不《bú》记得《jìde》中文《Zhōngwén》了《le》。
小さい時上海に住んでいたのですが、中国語は覚えていません。

関連単語

音声5

会った時 → 你好《Nǐ hǎo》　早《Zǎo》　嗨《Hāi》　哈喽《Hālóu》

「嗨」「哈喽」は英語のHiとHelloです。

別れる時 → 再见《Zàijiàn》　拜拜《Báibái》　下次见《Xiàcì jiàn》

「下次见」は「またね」です。

感謝する時 → 谢谢《Xièxie》　感谢《Gǎnxiè》　爱你《Ài nǐ》　么么《Mē mē》

「么么」は投げキッスの意で、文の最後に付けてカジュアルな感謝を表します。

お願いする時 → 请《Qǐng》　麻烦《Máfan》　拜托《Bàituō》

「麻烦」はちょっとしたお願いに、
頼み事をする時は両手を合わせて「拜托」を使います。

感謝された時 → 不客气《Bú kèqi》　不用谢《Búyòng xiè》　客气啥《Kèqi shá》　不会《Bú huì》

「客气啥」の「啥」は「何」の意です。

謝る時 → 不好意思《Bù hǎoyìsi》　对不起《Duìbuqǐ》　抱歉《Bàoqiàn》

「不好意思」<「对不起」<「抱歉」で
申し訳なさを強く表せます。

謝罪された時 → 没关系《Méi guānxi》　没事《Méi shì》

「大丈夫だよ」「なんてことないよ」の意。

ほとんどの教科書には、あいさつとして「早上好（おはよう）」と「晚上好（こんばんは）」が紹介されています。 ただ、実際に中国人が言うことはめったにありません。日常生活で人に会えば「嗨!《Hāi!》」と言い、ちゃんとした場面でだけ「你好（こんにちは）」を使います。多くの日本人向け中国語教科書には「初次见面，请多关照（初めまして、よろしくお願いします）」と書かれています。正直、そんなことを言う中国人はいないでしょう。日本語のあいさつをそのまま中国語に翻訳すると、人々は非常に不自然に感じることがあります。したがって、中国語を学ぶ時は、中国語の表現の癖に注意を払う必要があります。そうすれば、より自然に話せるようになります。

相手の名前を知りたい

音声 6

你《Nǐ》叫《jiào》啥《shá》？

名前は何?

子供や年下などに対してフランクな聞き方。目上の人や仕事関係の人に使うと失礼。

你《Nǐ》叫什么《jiàoshénme》名字《mingzi》？

あなたの名前は何ですか?

同世代の人に対する一般的な聞き方。

你好《Nǐ hǎo》，我叫《wǒjiào》xxx，你呢《nǐ ne》？

こんにちは、私はxxxといいます。あなたは?

同世代の人と初対面のとき自然な聞き方。

请问《Qǐngwèn》 你《nǐ》（您《nin》）怎么《zěnme》称呼《chēnghu》？

何とお呼びすれば良いですか?

丁寧な聞き方。

方便《Fāngbiàn》 告诉《gàosu》我《wǒ》你《nǐ》（您《nin》）的《de》名字《mingzi》吗《ma》？

もしよければ、お名前を教えていただけますか?

相手が名前を教える必要はない場面で聞く。

您《Nin》贵姓《guixing》？

お名前は?

苗字だけを聞く場合。

请问《Qǐngwèn》 你《nǐ》（您《nin》）是哪位《shi nǎwèi》？

どなたですか?

相手の顔が分からない場合、突然現れた面識のない人に対する聞き方。

うれしさレベル別表現

音声7

Gāoxing sǐ le.
高兴死了。
うれしすぎる

Chāojí gāoxing.
超级高兴。
めちゃくちゃうれしい

Tài gāoxing le.
太高兴了。
すごくうれしい

Hǎo (hěn) gāoxing.
好(很)高兴。
うれしい

Yǒudiǎn gāoxing.
有点高兴。
ちょっとうれしい

ほかにもいろいろあります!

kāixīn
开心
うれしい

shuǎng
爽
気分がよい

jīdòng
激动
感激している

xīngfèn
兴奋
興奮している

「うれしい・楽しい」を伝えたい

音声8

Jīntiān wánde hǎo kāixīn, xiàcì zài yìqǐ wán ba!
今天玩得好开心,下次再一起玩吧!
今日は楽しかった。次回また一緒に遊びましょう!

Mā yā, zhōngyú jiàndào běnrén le, wǒ zhēn de yào jīdòng sǐ le.
妈呀,终于见到本人了,我真的要激动死了。
いやぁ、ついに本人に会えて、死ぬほど興奮した。

Nǐ zhīdào ma, zhège páizi jīntiān dǎzhé, wǒ mǎide tài shuǎng le.
你知道吗,这个牌子今天打折,我买得太爽了。
知ってる? このブランドが今日セールなの。買って気持ちよかった。

Wǒ xǐhuan de rén yuē wǒ xiàzhōu chī fàn, tài kāixīn le!
我喜欢的人约我下周吃饭,太开心了!
好きな人が来週食事に誘ってくれたので、すごくうれしい!

Bèi lǎobǎn kuā ppt zuòde hǎo, xīnli háishi yǒudiǎn gāoxing.
被老板夸ppt做得好,心里还是有点高兴。
プレゼン資料が上手くできてると上司に褒められて、まだちょっとうれしい。

家族紹介 2 家庭《Jiātíng》介绍《jièshào》

音読 ✓ ✓ ✓ ✓ ✓　実践 ✓ ✓ ✓ ✓ ✓

音声 9

朋友●你《Nǐ》是《shì》独生子女《dúshēng zǐnǚ》吗《ma?》？

高桥●我《Wǒ》有《yǒu》一《yí》个《ge》哥哥《gēge》和《hé》一《yí》个《ge》妹妹《mèimei.》。我《Wǒ》哥《gē》比《bǐ》我《wǒ》大《dà》3岁《sān suì,》，[1]我《wǒ》妹《mèi》比《bǐ》我《wǒ》小《xiǎo》5岁《wǔ suì.》。日本《Rìběn》独生子女《dúshēng zǐnǚ》比较《bǐjiào》少《shǎo,》，一般《yìbān》都《dōu》有《yǒu》兄弟《xiōngdì》姐妹《jiěmèi.》。我《Wǒ》哥《gē》已经《yǐjīng》结婚《jiéhūn》了《le,》，[2]现在《xiànzài》我《wǒ》妹《mèi》和《hé》父母《fùmǔ》住《zhù》在《zài》一起《yìqǐ.》。听说《Tīngshuō》最近《zuìjìn》他们《tāmen》经常《jīngcháng》吵架《chǎojià.》。可能《Kěnéng》她《tā》正在《zhèngzài》青春期《qīngchūnqī,》，比较《bǐjiào》叛逆《pànnì》吧《ba.》。[3]

友達●一人っ子ですか？

高橋●兄と妹がいます。兄は私より3つ上で、妹は私より5つ下です。日本では一人っ子は少なくて、兄弟姉妹がいることが多いです。兄はもう結婚して、今は妹が両親と一緒に暮らしています。最近、よくけんかしているそうです。思春期なのかな、ちょっと反抗的です。

単語

音声10

独生子女《dúshēng zǐnǚ》	哥哥《gēge》	妹妹《mèimei》	岁《suì》
一人っ子	兄	妹	歳
比《bǐ》	结婚《jiéhūn》	父母《fùmǔ》	听说《tīngshuō》
～と比べる	結婚	親	～だそう、～と聞いた
吵架《chǎojià》	青春期《qīngchūnqī》	比较《bǐjiào》	叛逆《pànnì》
けんか	思春期	比較的	反抗、反抗的

構文・フレーズ

音声11

比較は「比＋対象＋形容詞/数量」で。

本文1 我《Wǒ》哥《gē》比《bǐ》我《wǒ》大《dà》3岁《sānsuì》。

例文 她《Tā》比《bǐ》我《wǒ》高《gāo》10《shi》厘米《límǐ》。

彼女は私より10センチ高い。

「もう～した（している）」は「已经……了」で。

本文2 我《Wǒ》哥《gē》已经《yǐjīng》结婚《jiéhūn》了《le》。

例文 我《Wǒ》已经《yǐjīng》回家《huíjiā》了《le》。

私はもう家に帰った。

推測を表すには、「可能……吧」を。

本文3 可能《Kěnéng》她《tā》正在《zhèngzài》青春期《qīngchūnqī》，比较《bǐjiào》叛逆《pànnì》吧《ba》。

例文 可能《Kěnéng》他《tā》最近《zuìjìn》工作《gōngzuò》太《tài》累《lèi》了《le》吧《ba》。

たぶん最近彼は仕事で疲れすぎている。

音声12 使える表現

Wǒ shì dúshēngnǚ, méiyǒu xiōngdì jiěmèi.
我是独生女，没有兄弟姐妹。
一人っ子です。兄弟はおりません。

Wǒ mā shì yīshēng, wǒ bà shì lǎoshī.
我妈是医生，我爸是老师。
母は医者で、父は教師です。

Tā láizì yí ge dānqīn jiātíng, fùqīn hěn zǎo jiù guòshì le.
他来自一个单亲家庭，父亲很早就过世了。
彼はひとり親家庭で育ちました。父を早くに亡くしました。

Tā de fùmǔ zài tā wǔ suì de shíhou líyì le.
她的父母在她5岁的时候离异了。
彼女の両親は、彼女が5歳の時、離婚しました。

Wǒ hé mèimei hěn yàohǎo.
我和妹妹很要好。
私と妹は、とても仲がいいです。

Wǒ bàmā zài jiā jīngcháng chǎojià.
我爸妈在家经常吵架。
父と母は、家でしょっちゅうけんかしています。

Tā láizì yí ge qī kǒu zhī jiā de dàjiātíng.
她来自一个7口之家的大家庭。
彼女は7人の大家族で育ちました。

Tā cóngxiǎo zài yí ge hémù de jiātíng li zhǎngdà.
他从小在一个和睦的家庭里长大。
彼は小さいころから、仲の良い家族で育ちました。

関連単語 音声13

家族

爸爸《bàba》·妈妈《māma》
父·母

爷爷《yéye》·奶奶《nǎinai》
父方の祖父·祖母

外公《wàigōng》·外婆《wàipó》
母方の祖父·祖母

哥哥《gēge》·姐姐《jiějie》
兄·姉

弟弟《dìdi》·妹妹《mèimei》
弟·妹

儿子《érzi》·女儿《nǚ'ér》
息子·娘

孙子《sūnzi》·孙女《sūnnǚ》
孫息子·孫娘

嫂子《sǎozi》·姐夫《jiěfu》
(年上の兄弟の配偶者)兄嫁·姉の夫

弟媳《dìxí》·妹夫《mèifu》
(年下の兄弟の配偶者)弟の嫁·妹の夫

おじさん·おばさん

伯伯《bóbo》·伯母《bómǔ》
父の兄·父の兄の妻

叔叔《shūshu》·婶婶《shěnshen》
父の弟·父の弟の妻

姑妈《gūmā》·姑父《gūfu》(姑夫)
父の姉妹·父の姉妹の夫

舅舅《jiùjiu》·舅妈《jiùmā》
母の兄弟·母の兄弟の妻

姨妈《yímā》·姨夫《yífu》
母の姉妹·母の姉妹の夫

いとこ
(父·母の兄弟か姉妹かと、自分を基準に年上か年下かで違う)

堂哥《tánggē》·堂姐《tángjiě》
父の男兄弟の息子·娘(年上)

堂弟《tángdì》·堂妹《tángmèi》
父の男兄弟の息子·娘(年下)

表哥《biǎogē》·表姐《biǎojiě》
父の姉妹と母の兄弟姉妹の息子·娘(年上)

表弟《biǎodì》·表妹《biǎomèi》
父の姉妹と母の兄弟姉妹の息子·娘(年下)

配偶者の親、子供の配偶者、兄弟の子供

公公《gōnggong》·婆婆《pópo》
夫の父·母

岳父《yuèfù》·岳母《yuèmǔ》
妻の父·母

儿媳《érxí》·女婿《nǚxù》
息子の妻·娘の夫

侄子《zhízi》·侄女《zhínǚ》
自分と配偶者の兄弟の息子·娘

推測を伝えたい

音声14

她《Tā》今天《jīntiān》没《méi》来《lái》上学《shàngxué》，可能《kěnéng》是《shì》生病《shēngbìng》了《le》。
彼女は今日学校に来ませんでした。病気かもしれません。

这次《Zhècì》如果《rúguǒ》发挥《fāhuī》好《hǎo》，也许《yěxǔ》能《néng》拿《ná》冠军《guànjūn》。
今回もし力を発揮できれば、優勝できるかもしれません。

面试《Miànshì》的《de》结果《jiéguǒ》大概《dàgài》下周《xiàzhōu》就《jiù》会《huì》通知《tōngzhī》大家《dàjiā》。
面接の結果は、来週皆さんにお知らせする予定です。

这《Zhè》家《jiā》店《diàn》味道《wèidào》变《biàn》了《le》，好像《hǎoxiàng》是《shì》换了《huànle》个《ge》老板《lǎobǎn》。
この店の味は変わった。店主が代わったみたいだ。

中国には親戚の呼び名がたくさんあります。母方と父方で親族の呼び名も異なります。さらに、結婚すればできる親戚関係にも特別な呼び名があります。例えば、母親は5人兄弟で、兄が2人、妹が2人いる場合、親族関係で下の人は、彼らを「大舅」(大叔父)、「二舅」(二番目の叔父)、「大姨」(大叔母)、「二姨」(二番目の叔母)、「三姨/小姨」(三番目の叔母/小叔母)と呼びます。少し複雑ですが、呼び名からお互いの関係がすぐに分かります。

他《Tā》最近《zuìjìn》不《bù》和《hé》朋友《péngyou》打《dǎ》游戏《yóuxì》了《le》，似乎《sìhū》是《shì》有《yǒu》女朋友《nǚpéngyou》了《le》。
彼は最近友達とゲームしなくなった。恋人ができたようだ。

她《Tā》说《shuō》她《tā》喜欢《xǐhuan》帅哥《shuàigē》，我《wǒ》八成《bāchéng》没《méi》希望《xīwàng》了《le》。
彼女はイケメンが好きと言っていたので、たぶん私はどうしようもない。

车轮《Chēlún》快《kuài》没《méi》气《qì》了《le》，但《dàn》貌似《màosì》还《hái》可以《kěyǐ》骑《qí》一《yī》骑《qí》。
タイヤは空気がほとんど抜けているけど、なんとか乗れそうです。

你《Nǐ》别《bié》看《kàn》他《tā》年纪《niánjì》小《xiǎo》，没《méi》准《zhǔn》是《shì》最《zuì》厉害《lìhai》的《de》。
彼は子供だと侮ってはいけない、最強かもしれない。

悲しさレベル別表現

音声 15

悲痛《bēitòng》、悲哀《bēi'āi》、痛苦《tòngkǔ》
心が痛いほど悲しい

难受《nánshòu》、难过《nánguò》、伤心《shāngxīn》
悲しい

伤感《shānggǎn》、心酸《xīnsuān》、忧伤《yōushāng》
かすかな悲しみ

出身地紹介 3 家乡《Jiāting》介绍《jièshào》

音読 ✓ ✓ ✓ ✓ ✓　実践 ✓ ✓ ✓ ✓ ✓

音声 16

朋友●你《Nǐ》老家《lǎojiā》在《zài》日本《Rìběn》哪里《nǎlǐ》？

山田●我《Wǒ》老家《lǎojiā》在《zài》日本《Rìběn》福冈《Fúgāng》县《xiàn》的《de》北九州《Běijiǔzhōu》市《shì》。[1]你《Nǐ》知道《zhīdào》那里《nàli》吗《ma》？北九州《Běijiǔzhōu》是《shì》日本《Rìběn》一《yí》个《gè》比较《bǐjiào》大《dà》的《de》城市《chéngshì》，[2]工业《gōngyè》很《hěn》发达《fādá》。福冈《Fúgāng》县《xiàn》最《zuì》有名《yǒumíng》的《de》就是《jiùshì》豚骨《túngǔ》拉面《lāmiàn》，听说《tīngshuō》在《zài》中国《Zhōngguó》也《yě》有《yǒu》很《hěn》多《duō》人《rén》喜欢《xǐhuan》。哦《Ò》，对了《duìle》，我们《wǒmen》[3]那里《nàli》美女《měinǚ》还《hái》特别《tèbié》多《duō》，有《yǒu》机会《jīhuì》一定《yídìng》要《yào》来《lái》福冈《Fúgāng》玩《wán》呀《yā》！

友達●故郷は日本のどこですか？

山田●福岡県北九州市です。知ってますか？北九州は日本で比較的大きな都市で、工業が盛んです。福岡県はとんこつラーメンで有名ですが、中国でも好きな人が多いと聞きました。ああ、そうそう、きれいな女性がたくさんいるので、機会があれば福岡に遊びに行ってみてください。

単語 音声17

	老家《lǎojiā》	工业《gōngyè》	有名《yǒumíng》	豚骨《túngǔ》
	故郷	工業	有名	とんこつ
拉面《lāmiàn》	喜欢《xǐhuān》	对了《duìle》	美女《měinǚ》	一定《yídìng》	玩《wán》
ラーメン	好き	そうだ	美人	必ず	遊ぶ

構文・フレーズ 音声18

場所は、「在……」で。

本文1 我《Wǒ》老家《lǎojiā》在《zài》日本《Rìběn》福冈县《Fúgāng xiàn》的《de》北九州市《Běijiǔzhōu shì》。

例文 他《Tā》公司《gōngsī》在《zài》上海《Shànghǎi》浦东《Pǔdōng》。

彼の会社は上海の浦東にあります。

「比較的に～、けっこう～」は、「『比较』＋形容詞……」で。

本文2 比较《bǐjiào》大《dà》的《de》城市《chéngshì》,

例文 他《Tā》的《de》收入《shōurù》比较《bǐjiào》高《gāo》。

彼の収入は結構高い。

何か急に思い出した時、急に話題を変える時は、「对了」を。

本文3 哦《Ò》,对了《duìle》,我们《wǒmen》……《……》

例文 对了《Duìle》,他《tā》叫《jiào》什么《shénme》名字《míngzi》？

そうだ、彼の名前なんだっけ？

对了《Duìle》,我《wǒ》最近《zuìjìn》开始《kāishǐ》学《xué》画画《huàhuà》了《le》。

そうだ、最近絵を習い始めたんだ。

音声19 使える表現

我《Wǒ》出生《chūshēng》在《zài》北海道《Běihǎidào》，但《dàn》从小《cóngxiǎo》在《zài》东京《Dōngjīng》长大《zhǎngdà》。

私は生まれたのは北海道ですが、小さいころから東京で育ちました。

我《Wǒ》家乡《jiāxiāng》在《zài》京都《Jīngdū》，高中《gāozhōng》就《jiù》去《qù》国外《guówài》了《le》。

私の出身は京都で、高校から海外へ行きました。

静冈《Jìnggāng》最《zuì》有名《yǒuming》的《de》景点《jǐngdiǎn》是《shì》富士山《Fùshìshān》。

静岡で一番有名な観光地は富士山です。

欢迎《Huānyíng》来《lái》大阪《Dàbǎn》旅游《lǚyóu》。

ようこそ大阪旅行へ。

我《Wǒ》老家《lǎojiā》在《zài》埼玉县《Qíyù xiàn》的《de》乡下《xiāngxià》。

私の故郷は埼玉県の田舎です。

我《Wǒ》老家《lǎojiā》那边《nàbiān》的《de》特产《tèchǎn》是《shì》抹茶《mòchá》。

故郷の名物は抹茶です。

他《Tā》是《shì》我《wǒ》老乡《lǎoxiāng》。

彼は私と同郷です。

有《Yǒu》机会《jīhuì》来《lái》我《wǒ》老家《lǎojiā》玩《wán》呀《ya》。

機会があれば地元に遊びに来てください。

関連単語 音声20

日本の都道府県名 →	北海道《Běihǎidào》	青森县《Qīngsēn xiàn》	岩手县《Yánshǒu xiàn》
宫城县《Gōngchéng xiàn》	秋田县《Qiūtián xiàn》	山形县《Shānxíng xiàn》	福岛县《Fúdǎo xiàn》
茨城县《Cíchéng xiàn》	枥木县《Lìmù xiàn》	群马县《Qúnmǎ xiàn》	埼玉县《Qíyù xiàn》
东京都《Dōngjīng dū》	千叶县《Qiānyè xiàn》	神奈川县《Shénnàichuān xiàn》	新潟*县《Xīnxì xiàn》 *「泻《xiè》」ではない。
富山县《Fùshān xiàn》	石川县《Shíchuān xiàn》	福井县《Fújǐng xiàn》	山梨县《Shānlí xiàn》
长野县《Chángyě xiàn》	岐阜县《Qífù xiàn》	静冈县《Jìnggāng xiàn》	爱知县《Àizhī xiàn》
三重县《Sānchóng xiàn》	滋贺县《Zīhè xiàn》	兵库县《Bīngkù xiàn》	大阪府《Dàbǎn fǔ》
京都府《Jīngdū fǔ》	奈良县《Nàiliáng xiàn》	和歌山县《Hégēshān xiàn》	鸟取县《Niǎoqǔ xiàn》
岛根县《Dǎogēn xiàn》	冈山县《Gāngshān xiàn》	广岛县《Guǎngdǎo xiàn》	山口县《Shānkǒu xiàn》
德岛县《Dédǎo xiàn》	香川县《Xiāngchuān xiàn》	爱媛县《Àiyuán xiàn》	高知县《Gāozhī xiàn》
福冈县《Fúgāng xiàn》	佐贺县《Zuǒhè xiàn》	长崎县《Chángqí xiàn》	熊本县《Xióngběn xiàn》
大分县《Dàfèn xiàn》	宫崎县《Gōngqí xiàn》	鹿儿岛县《Lù'érdǎo xiàn》	冲绳县《Chōngshéng xiàn》

中国には34の一級行政区画（省・直轄市・自治区・特別行政区）があります。これには、23の省、4つの直轄市、5つの自治区、2つの特別行政区が含まれ、日本の都道府県に当たります。日本と違って中国では、「市」の行政レベルが「県」より上です。また、「市」の中に、行政レベルが低いほかの「市」が存在することもあります。例えば、私の故郷は、四川省綿陽市（地級市）江油市（県級市）です。

中国人の口癖を真似たい

音声 21

你今天《Nǐ jīntiān》
想 吃什么《xiǎng chī shénme?》？
今日は
何を食べたい？

随便《Suíbiàn.》。
何でもいいよ。

你到底《Nǐ dàodǐ》
喜不喜欢她《xǐ bu xǐhuan tā?》？
結局、
彼女のことを
好きなの
嫌いなの？

不知道《Bù zhīdào.》。
分からないんだ。

1 随便

2 不知道

3 真的假的 / 不是吧？

4 有病啊 / 神经病

他跟女朋友《Tā gēn nǚpéngyou》
分手了《fēnshǒu le.》。
彼はカノジョと
別れたの。

真的假的《Zhēnde jiǎde?》？
他们都准备结婚了《Tāmen dōu zhǔnbèi jiéhūn le.》。
本当？
彼らはもう結婚寸前
だったのに。

笑什么笑《Xiào shénme xiào,》，
你有病啊《nǐ yǒu bìng a!》！
何笑ってるの、気持ち悪い。

5

无所谓

听说《Tīngshuō》公司《gōngsī》要《yào》准备《zhǔnbèi》裁员《cáiyuán》了《le》。

会社がリストラするって聞いたよ。

无所谓《Wúsuǒwèi》，大不了《dàbuliǎo》换《huàn》工作《gōngzuò》呗《bei》。

どうでもいいよ。転職なんてたいしたことないし。

6

卧槽

我去

这《Zhè》家《jiā》店《diàn》只《zhǐ》能《néng》用《yòng》现金《xiànjīn》。

この店は現金しか使えません。

卧槽《Wò cao》，现在《xiànzài》谁《shéi》还《hái》带《dài》现金《xiànjīn》？

えっ、今どき誰が現金を持ち歩くの？

＊正式な場や目上の人には使わない。

7

挺好的

不错

你《Nǐ》觉得《juéde》这《zhè》家《jiā》店《diàn》味道《wèidào》怎么样《zěnmeyàng》？

この店の味はどう思う？

挺《Tǐng》好《hǎo》的《de》。

すごくおいしいよ。

8

无语

客户《Kèhù》说《shuō》希望《xīwàng》用《yòng》1个《yí ge》月《yuè》就《jiù》有《yǒu》效果《xiàoguǒ》。

お客さまは1カ月で結果を出したいって。

无语《Wúyǔ》，哪《nǎ》有《yǒu》这么《zhème》快《kuài》。

言葉がないよ。そんなに早くなんて。

学歴 4 我《Wǒ》的《de》学历《xuéli》

音読 ✓ ✓ ✓ ✓ ✓

実践 ✓ ✓ ✓ ✓ ✓

音声22

朋友●你《Nǐ》是《shì》哪《nǎ》个《ge》大学《dàxué》，学《xué》什么《shénme》专业《zhuānyè》的《de》？

山田●我《Wǒ》是《shì》东京《Dōngjīng》的《de》早稻田《Zǎodàotián》大学《dàxué》的《de》，我《wǒ》是《shì》文科生《wénkē shēng》。因为《Yīnwèi》我《wǒ》很《hěn》想《xiǎng》去《qù》金融《jīnróng》或是《huòshì》咨询《zīxún》行业《hángyè》工作《gōngzuò》，[1]所以《suǒyǐ》我《wǒ》学《xué》的《de》经济学《jīngjìxué》。我们《Wǒmen》学校《xuéxiào》有《yǒu》好多《hǎoduō》中国《Zhōngguó》留学生《liúxuéshēng》，[2]听说《tīngshuō》早稻田《Zǎodàotián》大学《dàxué》在《zài》中国《Zhōngguó》也《yě》很《hěn》有名《yǒumíng》。我《Wǒ》最近《zuìjìn》也《yě》在《zài》考虑《kǎolǜ》要《yào》不《bu》要《yào》去《qù》中国《Zhōngguó》留学《liúxué》。[3]

友達●大学はどこで、専攻は何ですか？

山田●東京の早稲田大学で、文系です。金融やコンサル業界の仕事がしたいので、経済学を勉強しています。学校には中国人学生が多く、早稲田大学は中国でもとても有名とも聞きました。私は最近、中国への留学も考えています。

単語 音声23

大学《dàxué》	大学
专业《zhuānyè》	専攻
文科《wénkē》	文系
金融《jīnróng》	金融
咨询《zīxún》	コンサル
工作《gōngzuò》	仕事
经济学《jīngjìxué》	経済学
学校《xuéxiào》	学校
留学生《liúxuéshēng》	留学生
考虑《kǎolǜ》	考える
要不要《yào bu yào》	～するかどうか

構文・フレーズ 音声24

「あるいは」は、「或/或者」を。

本文1 我《Wǒ》很《hěn》想《xiǎng》去《qù》金融《jīnróng》或是《huòshi》咨询《zīxún》行业《hángyè》工作《gōngzuò》。

例文 他《Tā》想《xiǎng》当《dāng》老师《lǎoshī》或者《huòzhě》医生《yīshēng》。

彼は教師か医者になりたい。

「ある/いる」は、「有」を。

本文2 我们《Wǒmen》学校《xuéxiào》有《yǒu》好多《hǎoduō》中国《Zhōngguó》留学生《liúxuéshēng》。

例文 我家《Wǒjiā》有《yǒu》电视《diànshì》。

私の家にはテレビがあります。

「～するかどうか」は、「要不要」を。

本文3 我《Wǒ》最近《zuìjìn》也《yě》在《zài》考虑《kǎolǜ》要不要《yào bu yào》去《qù》中国《Zhōngguó》留学《liúxué》。

例文 你《Nǐ》要不要《yào bu yào》一起《yìqǐ》吃《chī》晚饭《wǎnfàn》？

一緒に晩ご飯を食べませんか？

使える表現

音声 25

Wǒ zài Dōngjīng dàxué dúshū.
我在东京大学读书。
私は東京大学で勉強しています。

Wǒ shì běnkēshēng, míngnián zhǔnbèi kǎoyán.
我是本科生，明年准备考研。
私は学部生で、来年大学院の試験を受ける予定です。

Wǒ zài dú yánjiūshēng.
我在读研究生。
私は大学院生です。

Tā jīnnián bóshì èrniánjí.
他今年博士二年级。
彼は今年、博士課程2年目です。

Nǐ dàxué zài nǎ shàng (dú) de?
你大学在哪上（读）的？
あなたはどこの大学に行きましたか？

Wǒ míngnián sān yuè bìyè.
我明年3月毕业。
来年3月卒業します。

Tā xiǎng kǎo Qìngyìng dàxué de shuòshì.
他想考庆应大学的硕士。
彼は慶応大学で修士課程を受験したいと思っています。

Wǒ de zhuānyè shì shìchǎng yíngxiāo.
我的专业是市场营销。
私の専攻はマーケティングです。

関連単語

音声26

学校 →

托儿所《tuō'érsuǒ》	幼儿园《yòu'éryuán》	小学《xiǎoxué》
保育園	幼稚園	小学校

中学《zhōngxué》	高中《gāozhōng》	大学《dàxué》	中专《zhōngzhuān》
中学校	高等学校	大学	高等専門学校

大专《dàzhuān》	本科《běnkē》	硕士《shuòshì》	博士《bóshì》	研究生《yánjiūshēng》
短期大学	学部	修士	博士	大学院生

科目·学科 →

语文《yǔwén》	数学《shùxué》	外语《wàiyǔ》	历史《lìshǐ》
国語	数学	外国語	歴史
地理《dìlǐ》	政治《zhèngzhì》	物理《wùlǐ》	化学《huàxué》
地理	政治	物理	化学
生物《shēngwù》	体育《tǐyù》	音乐《yīnyuè》	美术《měishù》
生物	体育	音楽	美術

学校生活 ↓

入学《rùxué》	毕业《bìyè》	开学《kāixué》	放假《fàngjià》	寒假《hánjià》
入学	卒業	入学/始業	休みに入る	冬休み
暑假《shǔjià》	作业《zuòyè》	逃课《táokè》	考试《kǎoshì》	及格《jígé》
夏休み	宿題	授業をさぼる	試験	合格
挂科《guàkē》	成绩《chéngjì》	学位《xuéwèi》	毕业证《bìyèzhèng》	学历《xuélì》
不合格科目	成績	学位	卒業証書	学歴

よく使われる複文で言ってみたい

音声 27

「なぜなら～だから～」は、「因为……，所以……」で。

因为《Yīnwèi》下雨《xiàyǔ》，所以《suǒyǐ》我《wǒ》打车《dǎchē》回家《huíjiā》了《le》。

雨が降っていたので、タクシーで家に帰りました。

「～だけど～」は、「虽然……，但是……」で。

虽然《Suīrán》她《tā》很《hěn》漂亮《piàoliang》，但是《dànshi》我《wǒ》不《bù》想《xiǎng》和《hé》她《tā》谈《tán》恋爱《liàn'ài》。

彼女はきれいですが、私は彼女と恋愛するつもりはありません。

「もし～なら～」は、「如果……就……」「要是……就……」で。

如果《Rúguǒ》早点《zǎodiǎn》出发《chūfā》，就《jiù》不《bú》会《huì》迟到《chídào》了《le》。

もし早く出発すれば、遅刻しません。

要是《Yàoshi》每天《měitiān》都《dōu》可以《kěyǐ》和《hé》他《tā》一起《yìqǐ》工作《gōngzuò》就《jiù》好《hǎo》了《le》。

もし彼と一緒に毎日仕事ができればいいのに。

「たとえ～でも～」は、「即使/就算……也……」で。

即使《Jíshǐ》没有《méiyǒu》你《nǐ》，我《wǒ》也《yě》能《néng》过得《guòde》很《hěn》开心《kāixīn》。

あなたがいなくても私は幸せになれます。

就算《Jiùsuàn》会《huì》失败《shībài》，我《wǒ》也《yě》要《yào》试一试《shìyishì》。

たとえ失敗するとしても、やってみます。

「～するよりむしろ～する」は、「与其……，不如……」で。

与其《Yǔqí》和《hé》他《tā》去《qù》争《zhēng》，不如《bùrú》大方《dàfang》一点《yidiǎn》让《ràng》给《gěi》他《tā》。

彼と争うより、もう少し寛大に譲ってあげたほうがいいですよ。

「～でなければ～」は、「不是……就是……」で。

现在《Xiànzài》找《zhǎo》工作《gōngzuò》太《tài》难《nán》了《le》，

去《qù》面试《miànshi》的《de》人《rén》不《bú》是《shi》硕士《shuòshi》就是《jiùshi》博士《bóshi》。

今は職探しは全然難しくて、面接に進むのは修士か博士です。

中国は日本と同じように、小学校6年、中学校3年の9年間の義務教育があります。ただ、中国の入学の季節は9月です。夏休みは7～8月、冬休みは1～2月が一般的で、春休みはありません。大学院修士課程の学生を中国語では「研究生」と言い、日本語の研究生の意味とは違います。また、中国には「大学院」という名称はありません。学部生は「本科生」、修士は「硕士」、博士は「博士」と呼ばれています。

中国語を勉強する理由

5 学《Xué》中文《Zhōngwén》的《de》理由《lǐyóu》

音読 ✓ ✓ ✓ ✓ ✓　実践 ✓ ✓ ✓ ✓ ✓

音声28

朋友●你《Nǐ》会《huì》讲《jiǎng》中文《Zhōngwén》？为什么《Wèishénme》学《xué》中文《Zhōngwén》呢《ne》？

高桥●是《Shì》的《de》，我《wǒ》正在《zhèngzài》学《xué》中文《Zhōngwén》。因为《Yīnwèi》我《wǒ》很《hěn》喜欢《xǐhuan》中国《Zhōngguó》的《de》电视剧《diànshìjù》，特别《tèbié》是《shì》古装片《gǔzhuāngpiàn》[1]。比如《Bǐrú》《陈情令《Chén qíng lìng》》、还有《háiyǒu》《延禧攻略《Yán xǐ gōnglüè》》[2]。因为《Yīnwèi》喜欢《xǐhuan》肖战《Xiāo Zhàn》，所以《suǒyǐ》我《wǒ》开始《kāishǐ》学《xué》中文《Zhōngwén》了《le》。我《wǒ》想《xiǎng》让《ràng》自己《zìjǐ》的《de》中文《Zhōngwén》变得《biànde》流利《liúlì》[3]，这样《zhèyàng》就《jiù》可以《kěyǐ》去《qù》中国《Zhōngguó》参加《cānjiā》他《tā》的《de》粉丝《fěnsī》见面会《jiànmiànhuì》！

友達●中国語が話せるんですね？ どうして中国語を勉強するのですか？

高橋●はい、勉強しています。中国のテレビドラマ、特に時代劇が好きなんです。例えば、「陳情令」や「瓔珞《えいらく》」とかが。肖戦さんが好きなので、中国語を勉強し始めました。中国語をすらすら話せるようになりたいです。そうすれば、中国に行ってファンミーティングに参加できます。

単語　音声29

- 讲《jiǎng》　話す
- 特别《tèbié》　特に
- 电视剧《diànshìjù》　テレビドラマ
- 古装片《gǔzhuāngpiàn》　時代劇
- 开始《kāishǐ》　始める
- 比如《bǐrú》　例えば
- 自己《zìjǐ》　自分
- 变得《biànde》　～になる
- 流利《liúlì》　流ちょう、すらすら
- 这样《zhèyàng》　そうすれば
- 参加《cānjiā》　参加する
- 粉丝《fěnsī》　ファン
- 见面会《jiànmiànhuì》　ミーティング

構文・フレーズ　音声30

「特に～」は、「特别是……」を。

本文1　特别《Tèbié》是《shì》古装片《gǔzhuāngpiàn》。

例文　我《Wǒ》喜欢《xǐhuan》吃《chī》川菜《chuāncài》，特别《tèbié》是《shì》麻婆《mápó》豆腐《dòufu》。

四川料理が好きで、特にマーボー豆腐が好きです。

例を挙げるときは、「比如」を。

本文2　比如《Bǐrú》《陈情令《Chén qíng lìng》》、还有《háiyǒu》《延禧攻略《Yán xǐ gōng lüè》》。

例文　他《Tā》有《yǒu》很《hěn》多《duō》爱好《àihào》，比如《bǐrú》唱歌《chànggē》、摄影《shèyǐng》。

彼は多趣味で、例えば歌や、カメラです。

「させたい、してほしい」は、「想让」を。

本文3　我《Wǒ》想《xiǎng》让《ràng》自己《zìjǐ》的《de》中文《Zhōngwén》变得《biànde》流利《liúlì》。

例文　女朋友《Nǚpéngyou》想让《xiǎngràng》我《wǒ》给《gěi》她《tā》买《mǎi》一《yí》个《ge》包包《bāobāo》。

カノジョは私にバックを買ってほしがります。

使える表現

音声 31

Wǒ zài dàxué xué de Zhōngwén.

我在大学学的中文。

私は大学で中国語を勉強しています。

Zhōngwén shì wǒ de dì-èr wàiyǔ.

中文是我的第二外语。

中国語は私の第二外国語です。

Wǒ juéde Zhōngwén hěn yǒu yìsi.

我觉得中文很有意思。

中国語は面白いと思います。

Wǒ duì xué wàiyǔ hěn gǎn xìngqù.

我对学外语很感兴趣。

外国語の勉強に興味があります。

Nǐ xué Rìyǔ duōjiǔ le?

你学日语多久了？

日本語はどのくらい勉強していますか？

Nǐ Rìyǔ shuōde hěn hǎo.

你日语说得很好。

あなたは日本語がとても上手です。

Wǒ xīwàng Zhōngwén kěyǐ shuōde gèng liúlì.

我希望中文可以说得更流利。

もっと上手く中国語を話せるようになりたいです。

Wǒ tōngguò kàn diànshìjù zìxué Zhōngwén.

我通过看电视剧自学中文。

テレビドラマを見て、中国語を独学しています。

関連単語

音声32

テレビ・配信

- 电视《diànshì》 テレビ
- 电影《diànyǐng》 映画
- 视频《shìpín》 動画
- 短视频《duǎn shìpín》 ショート動画
- 网剧《wǎngjù》 配信ドラマ
- 节目《jiémù》 番組
- 综艺《zōngyì》 バラエティ
- 频道《píndào》 チャンネル
- 选秀《xuǎnxiù》 オーディション
- 动漫《dòngmàn》 アニメ
- 漫画《mànhuà》 漫画
- 游戏《yóuxì》 ゲーム
- 体育《tǐyù》 スポーツ
- 小说《xiǎoshuō》 小説
- 广播《guǎngbō》 放送
- 音乐《yīnyuè》 音楽

ジャンル

- 纪录片《jìlùpiàn》 ドキュメンタリー
- 喜剧片《xǐjùpiàn》 コメディ
- 爱情片《àiqíngpiàn》 ロマンス
- 悬疑片《xuányípiàn》 サスペンス
- 武侠片《wǔxiápiàn》 武侠もの
- 古装片《gǔzhuāngpiàn》 時代劇
- 恐怖片《kǒngbùpiàn》 ホラー
- 动作片《dòngzuòpiàn》 アクション
- 科幻片《kēhuànpiàn》 SFもの
- 灾难片《zāinànpiàn》 パニックもの
- 犯罪片《fànzuìpiàn》 犯罪もの
- 真人秀《zhēnrénxiù》 リアリティ番組
- 脱口秀《tuōkǒuxiù》 トークショー

ほか

- 歌剧《gējù》 オペラ
- 音乐剧《yīnyuèjù》 ミュージカル
- 话剧《huàjù》 現代劇
- 影评《yǐngpíng》 映画レビュー
- 排行榜《páihángbǎng》 ランキング
- 票房《piàofáng》 興行収入
- 演员《yǎnyuán》 俳優
- 偶像《ǒuxiàng》 アイドル
- 爱豆《àidòu》 アイドル
- 歌手《gēshǒu》 歌手
- 导演《dǎoyǎn》 監督
- 博主《bózhǔ》 ブロガー
- 网红《wǎnghóng》 インフルエンサー

音声 33

「とても」レベル別表現

超级《chāoji》，贼《zéi》，倍儿《bèir》，老《lǎo》

相当《xiāngdāng》，格外《géwài》

好《hǎo》，太《tài》……了《le》

十分《shifēn》，非常《fēicháng》，特别《tèbié》

很《hěn》

形容詞の前の「很」は必ずしも
程度が高い意味ではありません。
例えば、「我很好」は、単純に「いい」という意味です。
ただ「我好」という表現は不自然で、
習慣として「很」を付けます。

他《Tā》很《hěn》帅《shuài》。
彼はハンサムです。

很《hěn》

十分《shifēn》

她《Tā》十分《shifēn》聪明《cōngming》。
彼女はとても賢いです。

非常《fēicháng》　特别《tèbié》

「十分、非常、特别」はレベルとしては同じです。
「十分」は少し堅く、
「非常、特别」の方が会話でよく使います。

中国の映画やテレビドラマを見る方は、中国語の字幕が付いていることに気付くかもしれません。中国語には同音異義語が多いので、混乱を避けるために付いています。また、多くの映画やテレビドラマで、吹き替えがされています。中国語には方言がたくさんあるので、俳優が中国語を話せても、標準から外れた発音だった場合、作品の印象に影響を与えるかもしれないので、標準中国語のプロの声優が吹き替えます。

好《hǎo》

他《Tā》好《hǎo》努力《nǔlì》。
彼はよく努力しています。

太《tài》……了《le》

他《Tā》太《tài》努力《nǔlì》了《le》。
彼は頑張りすぎています。

感嘆のニュアンスを伝えられます。

他《Tā》收入《shōurù》相当《xiāngdāng》高《gāo》。
彼の給料はかなり高いです。

相当《xiāngdāng》

你《Nǐ》今天《jīntiān》穿得《chuānde》格外《géwài》好看《hǎokàn》。
今日の格好、とても素敵です。

格外《géwài》

並外れていることを伝えられます。

我《Wǒ》超级《chāoji》喜欢《xǐhuan》她《tā》。
私は彼女がとても好きです。

超级《chāoji》

贼《zéi》

这《Zhè》家《jiā》店《diàn》贼《zéi》贵《guì》。
この店はとても高いです。
［東北方言］

今天《Jīntiān》玩儿得《wánrde》倍儿《bèir》开心《kāixīn》。
今日はとても楽しかったです。
［北京方言］

倍儿《bèir》

她《Tā》做《zuò》菜《cài》老《lǎo》好吃《hǎochī》了《le》。
彼女はいつも料理が上手です。
［東北方言、上海方言］

老《lǎo》

とても口語的で、ちゃんとした書面語ではほとんど見かけません。

14 住まい
15 生活環境
16 通勤
17 海外旅行
18 暇な時
19 趣味
20 仕事
21 ペット
22 家の購入
23 結婚式
24 病気
25 うわさ話

恋愛事情 6 恋爱情况《Liàn'ài qíngkuàng》

音読 ✓ ✓ ✓ ✓ ✓　実践 ✓ ✓ ✓ ✓ ✓

音声 34

朋友●你《Nǐ》有《yǒu》女朋友《nǚpéngyou》吗《ma》？

山田●没有《Méiyǒu》，我《wǒ》现在《xiànzài》是《shì》单身《dānshēn》。不过《Búguò》我《wǒ》有《yǒu》喜欢《xǐhuan》的《de》女生《nǚshēng》，我《wǒ》追了《zhuīle》她《tā》快《kuài》一《yì》年《nián》[1]。我《Wǒ》经常《jīngcháng》给《gěi》她《tā》发《fā》信息《xìnxī》聊天《liáotiān》，在《zài》她《tā》有《yǒu》困难《kùnnan》的《de》时候《shíhou》帮《bāng》她《tā》，有时《yǒushí》请《qǐng》她《tā》出去《chūqù》吃饭《chīfàn》，带《dài》她《tā》去《qù》玩《wán》[2]。我《Wǒ》试过《shìguò》跟《gēn》她《tā》表白《biǎobái》，但《dàn》她《tā》却《què》一直《yìzhí》没有《méiyǒu》回应《huíyìng》。我《Wǒ》真的《zhēnde》有点《yǒudiǎn》心《xīn》累《lèi》，不《bù》想《xiǎng》再《zài》当《dāng》舔狗《tiǎngǒu》了《le》[3]。

友達●彼女はいますか？

山田●いいえ、今はいません。でも好きな子はいて、1年近く追いかけてる。私はよく彼女にチャットを送っておしゃべりしてみたり、困っているとき手助けしたり、食事に誘ったり、一緒に遊びに行ったりしています。告白してみたのですが、はっきりした返事がもらえない。もう疲れていて、「舔狗（報われないのに一方的に貢ぐ人）」にはなりたくありません。

単語

音声35

- 女朋友《nǚpéngyou》 カノジョ
- 单身《dānshēn》 独り身
- 追《zhuī》 追う
- 快《kuài》 もうすぐ
- 信息《xìnxī》 知らせ、チャット
- 聊天《liáotiān》 おしゃべりする
- 困难《kùnnan》 困っている
- 帮《bāng》 助ける
- 请《qǐng》 ごちそうする
- 试《shì》 試す
- 表白《biǎobái》 告白
- 回应《huíyìng》 返事をする
- 心累《xīn lèi》 心が疲れた
- 舔狗《tiǎngǒu》 報われないのに一方的に貢ぐ人

構文・フレーズ

音声36

「もうすぐ」は、「快」を。

本文1 我追了她快一年。《Wǒ zhuīle tā kuài yì nián.》

例文 我快到家了。《Wǒ kuài dàojiā le.》

もうすぐ家に着きます。

「ご馳走する、奢る」は、「请」を。

本文2 有时请她出去吃饭，带她去玩。《Yǒushí qǐng tā chūqù chīfàn, dài tā qù wán.》

例文 今天晚饭我请你。《Jīntiān wǎnfàn wǒ qǐng nǐ.》

今日の晩ご飯は私がおごります。

「もう～したくない」は、「不想再……了」を。

本文3 不想再当舔狗了。《Bù xiǎng zài dāng tiǎngǒu le.》

例文 我不想再和他一起工作了。《Wǒ bù xiǎng zài hé tā yìqǐ gōngzuò le.》

もう彼と一緒に仕事をしたくないです。

使える表現

音声37

有空《Yǒukòng》一起《yìqǐ》去《qù》吃饭《chīfàn》吗《ma》？

時間があれば一緒にご飯に行きませんか?

做《Zuò》我《wǒ》女朋友《nǚpéngyou》吧《ba》。

カノジョになってくれませんか。

我《Wǒ》现在《xiànzài》不《bù》想《xiǎng》谈《tán》恋爱《liàn'ài》。

今は恋愛する気はないんです。

我《Wǒ》好像《hǎoxiàng》喜欢上《xǐhuanshang》你《nǐ》了《le》。

あなたのことが好きになったみたい。

我《Wǒ》已经《yǐjīng》有《yǒu》男朋友《nánpéngyou》了《le》。

もうカレシがいます。

我们《Wǒmen》交往《jiāowǎng》吧《ba》。

私たち付き合おうよ。

你《Nǐ》是《shì》一《yí》个《ge》好《hǎo》人《rén》。

あなたはいい人[なんだけど……]。

我们《Wǒmen》在《zài》一起《yìqǐ》吧《ba》。

一緒にいようよ。[付き合おうよ]。

对不起《Duibuqǐ》，我们《wǒmen》还是《háishi》做《zuò》朋友《péngyou》吧《ba.》。

ごめんなさい。やっぱり友達のままでいましょう。

她《Tā》有《yǒu》很《hěn》多《duō》人《rén》追《zhuī.》。

彼女を狙ってる人はたくさんいます。

関連単語

音声38

恋愛 →

单身狗《dānshēn gǒu》	独り身
找对象《zhǎo duìxiàng》	恋人募集中
谈恋爱《tán liàn'ài》	恋愛する
交往《jiāowǎng》	付き合う
合得来《hédelái》	気が合う
合不来《hébulái》	気が合わない
般配《bānpèi》	お似合い
在一起《zài yìqǐ》	付き合う
情侣《qínglǚ》	カップル
约会《yuēhuì》	デート
秀恩爱《xiù ēn'ài》	ラブラブな様子を見せびらかす
吵架《chǎojià》	けんかする
分手《fēnshǒu》	別れる
和好《héhǎo》	仲直りする
失恋《shīliàn》	失恋する
前任《qiánrèn》	元カレ/元カノ
初恋《chūliàn》	初恋
异地恋《yìdì liàn》	遠距離恋愛
姐弟恋《jiědì liàn》	年上女性と年下男性の恋愛
婚外恋《hūnwài liàn》	不倫
三角恋《sānjiǎo liàn》	三角関係
联谊《liányì》	合コン
相亲《xiāngqīn》	お見合い
单相思《dānxiāngsī》	片思い
有戏《yǒuxì》	脈あり
没戏《méixì》	脈なし
未婚《wèihūn》	未婚
已婚《yǐhūn》	既婚
夫妻《fūqī》	夫婦
青梅竹马《qīng méi zhú mǎ》	幼なじみ
一见钟情《yí jiàn zhōng qíng》	一目惚れ
日久生情《rì jiǔ shēng qíng》	長く一緒にいて情が湧くこと

どのくらいしているかを伝えたい

音声39

「したことない」は、「从不」で。

他《Tā》从《cóng》不《bù》抽《chōu》烟《yān》。

彼はタバコを吸ったことがありません。

「ほとんどない」は、「几乎不」で。

我《Wǒ》几乎《jīhū》不《bú》看《kàn》电视《diànshì》。

私はほとんどテレビを見ません。

「めったにない」は、「很少」で。

东京《Dōngjīng》很《hěn》少《shǎo》下《xià》大雪《dàxuě》。

東京ではめったに大雪は降りません。

「たまに」は、「偶尔」で。

公司《Gōngsī》偶尔《ǒu'ěr》会《huì》组织《zǔzhī》大家《dàjiā》一起《yìqǐ》去《qù》喝酒《hējiǔ》。

会社でたまにみんなで飲みに行きます。

「時々」は、「有时」で。

虽然《Suīrán》分手《fēnshǒu》了《le》，但《dàn》我《wǒ》有时《yǒushi》还是《háishi》会《huì》想起《xiǎngqǐ》他《tā》。

別れたのですが、今でも時々彼のことを思い出します。

中国人はチャットの返信は、すぐします。特に好きな人とのチャットは最優先です。あなたのチャットに相手がいつも数秒で返信してくるなら、あなたに好意を持っている可能性が高いです。逆の場合は、あなたにあまり興味を持っていない可能性があります。即レスは好意の表れとされています。返信文が長くて多いほど、あなたに興味を持っているという意味にもなります。いつも「嗯」とか「哦」と返してくるなら、相手はあなたに興味がありません。

「よく」は、「经常」で。

日本《Rìběn》经常《jīngcháng》地震《dìzhèn》，大家《dàjiā》都《dōu》习惯《xíguàn》了《le》。

日本ではよく地震があるので、みんな慣れっこです。

「いつも」は、「总是」で。

爸爸《Bàba》总是《zǒngshì》很《hěn》晚《wǎn》才《cái》回家《huíjiā》。

お父さんはいつも帰りが遅いです。

「常に」は、「随时」で。

他《Tā》随时《suíshí》都《dōu》在《zài》玩《wán》手机《shǒujī》。

彼はいつもスマホをいじっています。

「ずっと」は、「一直」で。

我《Wǒ》这《zhè》10《10》年《nián》一直《yìzhí》在《zài》上海《Shànghǎi》工作《gōngzuò》。

私はこの10年ずっと上海で働いています。

「毎日」は、「天天」で。

我《Wǒ》天天《tiāntiān》都《dōu》想《xiǎng》快点《kuàidiǎn》赚钱《zhuànqián》。

私は毎日、早くお金を稼ぎたいなと思っています。

頻度を表す副詞

音声40

- 天天《tiāntiān》　毎日
- 一直《yìzhí》　ずっと
- 随时《suíshí》　常に
- 总是《zǒngshì》　いつも
- 经常《jīngcháng》　よく
- 有时《yǒushí》　時々
- 偶尔《ǒu'ěr》　たまに
- 很少《hěn shǎo》　めったにない
- 几乎不《jīhū bù》　ほとんどない
- 从不《cóng bù》　したことない

好きなタイプ 7 喜欢《Xǐhuan》的《de》类型《lèixing》

音読 ✓ ✓ ✓ ✓ ✓

実践 ✓ ✓ ✓ ✓ ✓

音声41

朋友●你《Nǐ》喜欢《xǐhuan》什么《shénme》类型《lèixing》的《de》男生《nánshēng》？

高桥●我《Wǒ》不《bú》是《shì》外貌协会《wàimào xiéhuì》，所以《suǒyǐ》不《bú》太《tài》会《huì》在意《zàiyì》男生《nánshēng》的《de》外表《wàibiǎo》，只要《zhǐyào》干净《gānjìng》整洁《zhěngjié》就《jiù》行《xíng》[1]。但《Dàn》我《wǒ》很《hěn》容易《róngyì》被《bèi》有《yǒu》才华《cáihuá》的《de》男生《nánshēng》吸引《xīyǐn》[2]，比如《bǐrú》懂《dǒng》音乐《yīnyuè》，喜欢《xǐhuan》读书《dúshū》写作《xiězuò》的《de》人《rén》。当然《Dāngrán》人品《rénpǐn》也《yě》很《hěn》重要《zhòngyào》，不《bù》能《néng》天天《tiāntiān》在《zài》外面《wàimian》浪《làng》。我《wǒ》喜欢《xǐhuan》既《jì》有《yǒu》责任心《zérènxīn》又《yòu》顾家《gùjiā》的《de》男生《nánshēng》[3]。

友達●どんなタイプの男性が好き？

高橋●メン食いではないので、見た目はあまり気にしない。清潔ならいい。でも、文化系の才能がある人に惹かれてしまいやすいです。例えば音楽に詳しかったり、読書や文章を書くのが好きな人。もちろん性格も大事。毎日外をふらついたりするのはダメ。責任感があって、家族思いの男性が好き。

単語

音声42

- 类型《lèixíng》 タイプ
- 外貌《wàimào》协会《xiéhuì》 メン食い
- 在意《zàiyì》 気にする
- 外表《wàibiǎo》 見た目
- 干净《gānjìng》整洁《zhěngjié》 清潔である
- 容易《róngyì》 ～しやすい
- 才华《cáihuá》 文化系の才能
- 吸引《xīyǐn》 引きつける
- 懂《dǒng》 造詣が深い
- 读书《dúshū》 本を読む
- 写作《xiězuò》 文章を書く
- 当然《dāngrán》 もちろん
- 人品《rénpǐn》 性格、人柄
- 浪《làng》 ふらつく
- 责任心《zérènxīn》 責任感
- 顾家《gùjiā》 家族思い

構文・フレーズ

音声43

「～であれば」は、「只要……就」を。

本文1 只要《Zhǐyào》干净《gānjìng》整洁《zhěngjié》就《jiù》行《xíng》。

例文 只要《Zhǐyào》不《bù》迟到《chídào》，就《jiù》不《bú》会《huì》被《bèi》说《shuō》。

遅刻さえしなければ責められません。

受け身は、「被＋動詞」の形で。

本文2 我《Wǒ》很《hěn》容易《róngyì》被《bèi》有《yǒu》才华《cáihuá》的《de》男生《nánshēng》吸引《xīyǐn》。

例文 她《Tā》被《bèi》邀请《yāoqǐng》去《qù》参加《cānjiā》活动《huódòng》。

彼女は招待されてイベントに参加します。

「～でもあり、～でもある」は、「既(又)……又……」を。

本文3 我《Wǒ》喜欢《xǐhuan》既《jì》有《yǒu》责任心《zérènxīn》又《yòu》顾家《gùjiā》的《de》男生《nánshēng》。

例文 这《Zhè》家《jiā》店《diàn》的《de》衣服《yīfu》既《jì》好看《hǎokàn》又《yòu》便宜《piányi》。

この店の服はすてきですし、安いです。

使える表現

音声44

Tā zhè ge rén zěnmeyàng?
他这个人怎么样？
彼のこと、どう思いますか?

Nǐ de xìnggé hěn hǎo.
你的性格很好。
あなたは人柄がいいですね。

Wǒ xǐhuan gèzi gāo de nánshēng.
我喜欢个子高的男生。
背が高い男の子が好きです。

Nǐ shì shénme xīngzuò?
你是什么星座？
星座は何?

Wǒ bù néng jiēshòu zàijiā chōu yān de nánshēng.
我不能接受在家抽烟的男生。
家でタバコを吸う男性は嫌です。

Nǐ duì tā yǒu gǎnjué ma?
你对她有感觉吗？
彼女に気はありますか?

Jīntiān chīfàn AA ba.
今天吃饭AA吧。
今日は割り勘にしようよ。

Tā duì nǚpéngyou hěn hǎo, hěn kào pǔ.
他对女朋友很好，很靠谱。
彼はカノジョに良くしていて、頼りになります。

関連単語

音声45

外見→

- 外在《wàizài》 — 外見
- 高《gāo》 — 背が高い
- 矮《ǎi》 — 背が低い
- 胖《pàng》 — 太っている
- 瘦《shòu》 — 瘦せている
- 帅哥《shuàigē》 — イケメン
- 美女《měinǚ》 — 美人
- 丑《chǒu》 — 醜い
- 土《tǔ》 — ダサい
- 白富美《báifùměi》 — 色白で裕福で美人（理想の女性像）
- 高富帅《gāofùshuài》 — 高身長でお金持ちでイケメン（理想の男性像）
- 女神《nǚshén》 — 女神
- 男神《nánshén》 — 男神
- 屌丝《diǎosī》 — 外見に恵まれず出世の希望もない人
- 小鲜肉《xiǎo xiānròu》 — 若いイケメン
- 奶狗《nǎigǒu》 — 可愛い男の子
- 霸道总裁《bàdào zǒngcái》 — 傲慢なリーダー
- 软萌《ruǎnméng》 — かわいくて心が温かい
- 可爱《kě'ài》 — かわいい
- 御姐《yùjiě》 — お姉さん
- 有气质《yǒu qizhì》 — すてきな感じ

関連単語

音声46

内面

内在《nèizài》	内面
温柔《wēnróu》	優しい
善良《shànliáng》	善良な
活泼《huópō》	活発
阳光《yángguāng》	陽気
善解人意《shànjiě rényì》	思いやりがある
成熟《chéngshú》	大人
呆萌《dāiméng》	ちょっと天然でかわいい
外向《wàixiàng》	外向的
内向《nèixiàng》	内向的
热情《rèqíng》	親切な
大方《dàfāng》	気前がよい
宅《zhái》	オタク
高冷《gāolěng》	傲慢で冷淡、クール
闷骚《mènsǎo》	内に情熱を秘めている
女汉子《nǚ hànzi》	豪快な女性
娘《niáng》	女性っぽい男性
自来熟《zì lái shú》	馴れ馴れしい
淡定《dàndìng》	落ち着いている
人畜无害《rén chù wú hài》	人畜無害
腹黑《fùhēi》	腹黒
知性《zhīxìng》	知的
有品位《yǒu pǐnwèi》	センスがいい

星座

白羊座《báiyángzuò》	牡羊座
金牛座《jīnniúzuò》	牡牛座
双子座《shuāngzǐzuò》	双子座
巨蟹座《jùxièzuò》	蟹座
狮子座《shīzizuò》	獅子座
处女座《chǔnǚzuò》	乙女座
天秤座《tiānchèngzuò》	天秤座
天蝎座《tiānxiēzuò》	蠍座
射手座《shèshǒuzuò》	射手座
摩羯座《mójiézuò》	山羊座
水瓶座《shuǐpíngzuò》	水瓶座
双鱼座《shuāngyúzuò》	魚座

褒められた時のリアクション表現

音声47

素直に受け取る

我也这么觉得！《Wǒ yě zhème juéde!》你真懂我！《Nǐ zhēn dǒngwǒ!》

私もそう思います。よくお分かりで。

真的吗？《Zhēnde ma?》太开心了。《Tài kāixīn le.》

本当？すごくうれしい。

谢谢呀。《Xièxie ya.》

ありがとう。

謙虚に対応する

你太会讲话了。《Nǐ tài huì jiǎnghuà le.》

身に余るお言葉です。

你过奖了。《Nǐ guòjiǎng le.》

褒めすぎですよ。

哪里哪里《Nǎlǐ nǎlǐ》（没有没有）。《(Méiyǒu méiyǒu).》

いえいえ、そんなことないです。

日本人のおしゃべりではよく相手の血液型を聞きますよね。各血液型にステレオタイプがあります。中国では、よく星座を聞きます。血液型のように、星座にもステレオタイプがあります。例えば、乙女座は潔癖で、蟹座は家族思いで、水瓶座は変わり者など。さらに、星座同士の相性を信じている人もいます。友達やパートナーを探すとき、相手の星座や干支を気にする人もいます。

お茶 8 喝茶《Hē chá》

音読 ✓ ✓ ✓ ✓ ✓　実践 ✓ ✓ ✓ ✓ ✓

音声48

朋友●你《Nǐ》喜欢《xǐhuan》喝《hē》茶《chá》吗《ma》？还是《Háishi》喜欢《xǐhuan》咖啡《kāfēi》？[1]

高桥●我《Wǒ》两《liǎng》个《ge》都《dōu》喜欢《xǐhuan》，但《dàn》更《gèng》喜欢《xǐhuan》喝《hē》茶《chá》！其实《Qíshí》我《wǒ》很《hěn》喜欢《xǐhuan》中国《Zhōngguó》茶《chá》，[2]尤其《yóuqí》是《shì》乌龙茶《wūlóngchá》。[3]上次《Shàngcì》福建《Fújiàn》的《de》朋友《péngyou》给《gěi》了《le》我《wǒ》一些《yìxiē》铁观音《tiěguānyīn》，真是《zhēnshi》太《tài》惊艳《jīngyàn》了《le》！日本《Rìběn》的《de》瓶装《píngzhuāng》乌龙茶《wūlóngchá》都《dōu》是《shì》棕色《zōngsè》的《de》，味道《wèidào》涩涩《sèsè》的《de》。我《Wǒ》想《xiǎng》分享《fēnxiǎng》给《gěi》更《gèng》多《duō》日本《Rìběn》朋友《péngyou》好喝《hǎohē》的《de》中国《Zhōngguó》茶《chá》。

友達●お茶が好き？ それともコーヒー？

高橋●どっちも好きだけど、お茶の方が好き。実は中国茶が大好きなの、特に烏龍茶。この前、福建省の友達が鉄観音をくれたんだけど、もうおいしすぎてびっくり！ 日本のペットボトルのウーロン茶はどれも茶色くて渋いんだよね。おいしい中国茶をもっとたくさんの日本の友達と、一緒に楽しみたいな。

単語 音声49

喝《hē》	茶《chá》	咖啡《kāfēi》	其实《qíshí》	尤其《yóuqí》	
飲む	お茶	コーヒー	実は	特に	
乌龙茶《wūlóngchá》	铁观音《tiěguānyīn》	惊艳《jīngyàn》	瓶装《píngzhuāng》	棕色《zōngsè》	涩《sè》
烏龍茶	鉄観音	すばらしい	ペットボトルの	茶色	渋い

構文・フレーズ 音声50

「それとも」は、「还是」を。

本文1 还是《Háishi》喜欢《xǐhuan》咖啡《kāfēi》？

例文 下次《Xiàci》旅行《lǚxing》你《nǐ》想《xiǎng》去《qù》英国《Yīngguó》还是《háishi》法国《Fǎguó》？

次の旅行はイギリスとフランスどっちに行きたいですか？

「実は」は、「其实」を。

本文2 其实《Qíshí》我《wǒ》很《hěn》喜欢《xǐhuan》中国茶《Zhōngguóchá》，

例文 你《Nǐ》中文《Zhōngwén》说得《shuōde》真好《zhēnhǎo》！

中国語が本当に上手ですね！

其实《Qíshí》我《wǒ》在《zài》中国《Zhōngguó》长大《zhǎngdà》。

実は中国育ちです。

「特に～」は、「尤其是……」を。

本文3 尤其《Yóuqí》是《shì》乌龙茶《wūlóngchá》。

例文 他《Tā》害怕《hàipà》动物《dòngwù》，尤其《yóuqí》是《shì》狗《gǒu》。

彼は動物、特に犬が怖いです。

使える表現

音声51

你《Nǐ》喝《hē》饮料《yǐnliào》还是《háishi》酒《jiǔ》？

ソフトドリンクにしますか？ それともお酒にしますか？

你《Nǐ》平时《píngshi》喝《hē》咖啡《kāfēi》吗《ma》？

普段コーヒーを飲みますか？

我《Wǒ》几乎《jīhū》不《bù》喝《hē》咖啡《kāfēi》。

コーヒーはほとんど飲みません。

我《Wǒ》不《bù》喜欢《xǐhuan》喝《hē》碳酸《tànsuān》饮料《yǐnliào》。

炭酸飲料は好きではありません。

下次《Xiàci》一起《yìqǐ》喝《hē》茶《chá》吧《ba》。

今度一緒にお茶しましょう。

可以《Kěyǐ》帮《bāng》我《wǒ》买《mǎi》一《yì》瓶《píng》可乐《kělè》吗《ma》？

コーラを1本買ってくれませんか。

日本で中国茶というと烏龍茶を思い浮かべるでしょう。中国茶は緑茶、紅茶、白茶、烏龍茶、濃茶、黄茶の6種類に分類されますが、その全生産量で、烏龍茶が占める割合は10%未満です。緑茶は60%以上、紅茶が約15%です。中国では緑茶を飲む地域が多いのですが、福建省や広東省などでは烏龍茶を飲む習慣があります。また、中国のペットボトルのお茶には基本的に砂糖が入っています。無糖のお茶を飲みたい人は、スーパーやコンビニで飲み物を買う時、ラベルに「无糖」と書かれているかよく確認してください。

请《Qǐng》给《gěi》我《wǒ》一《yì》杯《bēi》拿铁《nátiě》。

ラテを1つください。

我《Wǒ》要《yào》一《yì》杯《bēi》奶茶《nǎichá》，不《bù》加《jiā》糖《táng》，谢谢《xièxie》。

ミルクティーを1つ、砂糖なしでお願いします。

関連単語

音声52

飲み物

饮料《yǐnliào》	飲み物
绿茶《lǜchá》	緑茶
红茶《hóngchá》	紅茶
乌龙茶《wūlóngchá》	ウーロン茶
普洱茶《pǔ'ěrchá》	プーアル茶
花茶《huāchá》	花茶（はなちゃ）
奶茶《nǎichá》	ミルクティー
珍珠奶茶《zhēnzhū nǎichá》	タピオカミルクティー
可乐《kělè》	コーラ
雪碧《xuěbì》	スプライト
芬达《fēndá》	ファンタ
汽水《qìshuǐ》	サイダー
果汁《guǒzhī》	ジュース
牛奶《niúnǎi》	牛乳
酸奶《suānnǎi》	ヨーグルト
豆奶《dòunǎi》	豆乳
可可《kěkě》	ココア
咖啡《kāfēi》	コーヒー
拿铁《nátiě》	ラテ
摩卡《mókǎ》	モカ
苏打水《sūdǎshuǐ》	ソーダ水
矿泉水《kuàngquánshuǐ》	ミネラルウォーター
易拉罐《yìlāguàn》	缶（タブを引っ張って開けることのできる缶）
塑料瓶《sùliàopíng》	ペットボトル

色

红色《hóngsè》	赤
蓝色《lánsè》	青
黄色《huángsè》	黄色
绿色《lǜsè》	緑
紫色《zǐsè》	紫
粉色《fěnsè》	ピンク
橙色《chéngsè》	オレンジ
棕色《zōngsè》	茶色
玫红色《méihóngsè》	バラ色
酒红色《jiǔhóngsè》	ワインレッド
天蓝色《tiānlánsè》	空色
藏青色《zàngqīngsè》	紺
肉色《ròusè》	肌色
驼色《tuósè》	ベージュ
白色《báisè》	白
黑色《hēisè》	黒
灰色《huīsè》	グレー
银色《yínsè》	銀
金色《jīnsè》	金

驚きレベル別表現

音声53

プラス

太赞了!《Tài zàn le!》

好棒啊!《Hǎo bàng a!》

太惊艳了!《Tài jīngyàn le!》

中間

震惊了!《Zhènjīng le!》

绝了!《Jué le!》

救命!《Jiùmìng!》

マイナス

吓死了!《Xiàsǐ le!》

太恐怖了!《Tài kǒngbù le!》

好可怕!《Hǎo kěpà!》

プラス

你做的菜真是太赞了!《Nǐ zuò de cài zhēnshi tài zàn le!》

あなたの作った料理は本当に素晴らしいです!

他的表演真的好棒啊!《Tā de biǎoyǎn zhēnde hǎo bàng a!》

彼の演技は本当に素晴らしい!

第一次听她唱歌,太惊艳了!《Dì-yī cì tīng tā chàng gē, tài jīngyàn le!》

初めて彼女の歌を聞いた時、あまりの美しさに息をのみました!

中間

Tā hé shàngsī tán liàn'ài le, wǒ zhènjīng le.

她和上司谈恋爱了，我震惊了。

彼女が上司と恋に落ちるなんて、私はショックでした。

Zhè jiā diàn hǎochī hái zhème piányi, zhēnshi jué le!

这家店好吃还这么便宜，真是绝了！

このお店はおいしくて安くて最高です！

Tā jìngrán gēn wǒ biǎobái le, jiùmìng!

他竟然跟我表白了，救命！

なんと彼が告白してきた、助けて！

マイナス

Lǎobǎn tūrán gěi wǒ dǎ diànhuà, xiàsǐ le!

老板突然给我打电话，吓死了！

社長から突然電話が来て、死ぬほど怖かった！

Tā zuótiān hái hǎohǎode, jīntiān jiù yùdào shìgù, tài kǒngbù le!

他昨天还好好的，今天就遇到事故，太恐怖了！

彼は、昨日まで元気だったのに、今日事故に遭ってしまうなんて、
あまりにも怖すぎる！

Tiān a, tā dú le qī nián bóshì hái méiyǒu biyè, hǎo kěpà!

天啊，他读了7年博士还没有毕业，好可怕！

なんと、彼は7年博士課程で勉強していてまだ卒業していないなんて、ホラーだ！

お酒 9 喝《Hē》酒《jiǔ》

音読 ✓ ✓ ✓ ✓ ✓　実践 ✓ ✓ ✓ ✓ ✓

音声 54

朋友●你《Nǐ》能《néng》喝《hē》酒《jiǔ》吗《ma》？喜欢《Xǐhuan》喝《hē》哪《nǎ》种《zhǒng》酒《jiǔ》呢《ne》？

高桥●喝《Hē》是《shì》可以《kěyǐ》喝《hē》，但《dàn》喝不了《hēbuliǎo》太多《tài duō》[1]。一般《Yìbān》啤酒《píjiǔ》喝《hē》个《ge》两《liǎng》三《sān》杯《bēi》[2]就《jiù》会《huì》开始《kāishǐ》晕乎乎《yūnhūhū》。我《Wǒ》喝《hē》酒《jiǔ》不《bú》上《shàng》脸《liǎn》，其实《qíshí》已经《yǐjīng》醉了《zuì le》，但《dàn》别人《biérén》也《yě》很《hěn》难《nán》看出来《kànchūlái》。我《Wǒ》比较《bǐjiào》喜欢《xǐhuan》鸡尾酒《jīwěijiǔ》或是《huòshì》红酒《hóngjiǔ》，女生《nǚshēng》嘛《ma》，就《jiù》喜欢《xǐhuan》这《zhè》种《zhǒng》甜《tián》甜《tián》的《de》[3]，喝起来《hēqǐlái》像《xiàng》饮料《yǐnliào》一样《yíyàng》的《de》酒《jiǔ》。烧酒《Shāojiǔ》还有《háiyǒu》威士忌《wēishìjì》我《wǒ》完全《wánquán》不行《bùxíng》。

友達●お酒は飲める？ どんなお酒が好き？

高橋●飲めることは飲めるけど、たくさんは飲めない。普段はビールを2～3杯飲むと、くらくらし始めるの。顔には出ないから、実は酔ってても人にはバレない。わりと好きなのはカクテルか赤ワイン。女性なので、こういう甘くて、飲んでみると普通の飲み物みたいなお酒が好き。焼酎やウィスキーは全然だめ。

単語 音声55

能《néng》 できる	喝酒《hē jiǔ》 飲酒	啤酒《píjiǔ》 ビール	晕乎乎《yūnhūhū》 クラクラする
上脸《shàng liǎn》 (酒を飲んで)顔が赤くなる	醉《zuì》 酔っ払う	看出来《kànchūlái》 見て気付く	鸡尾酒《jīwěijiǔ》 カクテル
红酒《hóngjiǔ》 赤ワイン	烧酒《shāojiǔ》 焼酎	威士忌《wēishìjì》 ウイスキー	完全《wánquán》 完全に

構文・フレーズ 音声56

「〜は〜けど〜」は、「……是……，但(不过)……」を。

本文1 喝《Hē》是《shi》可以《kěyǐ》喝《hē》，但《dàn》喝《hē》不《bu》了《liǎo》太《tài》多《duō》。

例文 喜欢《Xǐhuan》是《shi》喜欢《xǐhuan》，不过《búguò》我《wǒ》不《bù》想《xiǎng》表白《biǎobái》。

好きは好きですが、告白したくはありません。

ざっくりと言う時は、「動詞＋个＋数量＋量詞」の形で。

本文2 喝《Hē》个《ge》两《liǎng》三《sān》杯《bēi》。

例文 赚《Zhuàn》个《ge》一《yī》两《liǎng》亿《yì》不《bú》是《shì》问题《wèntí》。

1、2億円を儲けることは大したことありません。

「当然そうである」という語気を示すには、「嘛」を。

本文3 女生《Nǚshēng》嘛《ma》，就《jiù》喜欢《xǐhuan》这《zhè》种《zhǒng》甜《tián》甜《tián》的《de》。

例文 他《Tā》还是《háishi》小孩《xiǎohái》嘛《ma》，听《tīng》不《bu》懂《dǒng》很《hěn》正常《zhèngcháng》。

彼はまだ子供なので、分からなくて当然です。

使える表現

音声57

今天《Jīntiān》晚上《wǎnshang》一起《yìqǐ》去《qù》喝《hē》酒《jiǔ》吗《ma》？

今夜、一緒に飲みに行きますか？

你《Nǐ》想《xiǎng》喝《hē》啤酒《píjiǔ》还是《háishi》白酒《báijiǔ》？

ビールにしますか、白酒にしますか？

对不起《Duibuqǐ》，我《wǒ》酒精《jiǔjīng》过敏《guòmǐn》不《bù》能《néng》喝《hē》酒《jiǔ》。

ごめんなさい。アルコール過敏でお酒が飲めないんです。

来《Lái》，走《zǒu》一《yi》个《ge》！

さあ、乾杯しよう！

祝《Zhù》大家《dàjiā》今天《jīntiān》玩得《wánde》愉快《yúkuài》，干杯《gānbēi》！

皆さんが今日楽しく過ごせますように、乾杯！

我《Wǒ》干《gān》了《le》，你《nǐ》随意《suíyì》！

私は飲み干します。ご自由にどうぞ。

他《Tā》喝《hē》完《wán》了《le》，快《kuài》满上《mǎnshàng》！

彼が飲み終えてる。はやく彼に注いで！

我《Wǒ》不行《bùxing》了《le》，已经《yǐjīng》喝《hē》高《gāo》了《le》。

ダメです、もう酔っちゃいました。

関連単語

音声58

飲み物

啤酒《píjiǔ》	ビール
生啤《shēngpí》	生ビール
白酒《báijiǔ》	白酒
黄酒《huángjiǔ》	紹興酒
威士忌《wēishìjì》	ウイスキー
葡萄酒《pútáojiǔ》	ワイン
红酒《hóngjiǔ》	赤ワイン
白《bái》葡萄酒《pútáojiǔ》	白ワイン
香槟《xiāngbīn》	シャンパン
鸡尾酒《jīwěijiǔ》	カクテル
调《tiáo》酒《jiǔ》	お酒を作る
利口酒《lìkǒujiǔ》	リキュール
气泡酒《qìpàojiǔ》	スパークリングワイン
烧酒《shāojiǔ》	焼酎
清酒《qīngjiǔ》	日本酒
酿造酒《niàngzàojiǔ》	醸造酒
蒸馏酒《zhēngliújiǔ》	蒸留酒

お酒に関連する単語

酒精《jiǔjīng》度数《dùshù》	アルコール度数
酒杯《jiǔbēi》	お酒のグラス
干杯《gānbēi》	乾杯
品酒《pǐnjiǔ》	テイスティング
敬酒《jìngjiǔ》	目上の人に酒を勧める
罚酒《fájiǔ》	罰としての酒
劝酒《quànjiǔ》	酒を勧める
灌酒《guànjiǔ》	飲ませて潰す
喝醉《hēzuì》	酔う
喝《hē》高《gāo》	酔っ払う
宿醉《sùzuì》	二日酔い
酒鬼《jiǔguǐ》	酒飲み
戒酒《jièjiǔ》	禁酒
下酒菜《xiàjiǔcài》	酒のおつまみ
开瓶器《kāipíngqì》	栓抜き
常温《chángwēn》	常温
冷冻《lěngdòng》	冷凍
加热《jiārè》	加熱
过敏《guòmǐn》	アレルギー
呕吐《ǒutù》	嘔吐
不《bù》省《xǐng》人《rén》事《shì》	前後不覚になる
断片《duànpiàn》	記憶がないこと

擬態語表現

音声59

「きらきら」「ふわふわ」など日本語のABAB形式の擬態語は、
中国語ではABB、AABB型が多いです。

ABB型

晕乎乎《yūnhūhū》	くらくら
亮晶晶《liàngjīngjīng》	きらきら
静悄悄《jìngqiāoqiāo》	しーんとしている
空荡荡《kōngdàngdàng》	がらんとしている
冷飕飕《lěngsōusōu》	ひえびえ
香喷喷《xiāngpēnpēn》	ぷーんと香る
沉甸甸《chéndiàndiàn》	ずっしり重い
孤零零《gūlínglíng》	ぽつんとしている
懒洋洋《lǎnyángyáng》	だるそう、面倒くさそう
热腾腾《rètēngtēng》	熱くてほかほか
慢吞吞《màntūntūn》	ぐずぐず
血淋淋《xiělínlín》	血がたらたら流れている
赤裸裸《chìluǒluǒ》	赤裸々
白花花《báihuāhuā》	(水や雪が)白くきらきらと輝いている
黑漆漆《hēiqīqī》	真っ暗、真っ黒
油腻腻《yóunìnì》	脂っこい
毛绒绒《máoróngróng》	ふわふわ、もこもこ
软绵绵《ruǎnmiánmián》	ふわふわ
轻飘飘《qīngpiāopiāo》	ひょうひょう
皱巴巴《zhòubābā》	よれよれ

音声60

AABB型

- 断断《duànduàn》续续《xùxù》 途切れ途切れ
- 浑浑《húnhún》噩噩《è'è》 だらだらしている
- 轰轰《hōnghōng》烈烈《lièliè》 すさまじい
- 兢兢《jīngjīng》业业《yèyè》 こつこつと真面目である
- 坑坑《kēngkēng》洼洼《wāwā》 でこぼこ
- 口口《kǒukǒu》声声《shēngshēng》 口々に言う
- 密密《mìmì》麻麻《mámá》 びっしり並んでいる
- 卿卿《qīngqīng》我我《wǒwǒ》 イチャイチャする
- 堂堂《tángtáng》正正《zhèngzhèng》 公明正大である
- 条条《tiáotiáo》框框《kuàngkuàng》 さまざまな規則や制約
- 偷偷《tōutōu》摸摸《mōmō》 こそこそ
- 唯唯《wěiwěi》诺诺《nuònuò》 他人の言いなりになる
- 战战《zhànzhàn》兢兢《jīngjīng》 びくびく
- 支支《zhīzhī》吾吾《wūwū》 言葉を濁す

日本にある中華料理店のメニューによくある「绍兴酒」ですが、中国では「黄酒」と呼ばれています。中国のどこの地域でも「黄酒」が飲まれているわけではなく、江蘇省、浙江省、上海だけです。ほかの地域では、主にビールと「白酒」を飲みます。酒席の習慣も日中で違います。最初に全員で乾杯するのは同じですが、その後も個々に乾杯します。フォーマルな場では、先に一人で飲まないよう注意しましょう。それぞれの相手と乾杯した後、飲みましょう。酒にまつわる諺は、ごまんとあります。「酒后吐真言」（酒が入ると本音が出る）「醉翁之意不在酒」（真のねらいは別のところにある）「敬酒不吃吃罚酒」（丁重な頼みを断り、頭ごなしの命令に従う）「酒香不怕巷子深」（よいお酒ならば深い路地の奥まで、そのよい香りで辿りつくことができる）など。

14 住まい
15 生活環境
16 通勤
17 海外旅行
18 暇な時
19 趣味
20 仕事
21 ペット
22 家の購入
23 結婚式
24 病気
25 うわさ話

伝統衣装 10 传统《Chuántǒng》服饰《fúshi》

音読 ✓ ✓ ✓ ✓ ✓　実践 ✓ ✓ ✓ ✓ ✓

音声 61

朋友●你《Nǐ》有《yǒu》和服《héfú》吗？《ma?》日本人《Rìběnrén》通常《tōngcháng》在《zài》什么《shénme》场合《chǎnghé》会《huì》穿《chuān》和服？《héfú?》

山田●我《Wǒ》自己《zìjǐ》没有《méiyǒu》和服，《héfú,》我《wǒ》爷爷《yéye》奶奶《nǎinai》家《jiā》有《yǒu》和服。《héfú.》和服《Héfú》不仅《bùjǐn》很贵，《hěn guì,》穿起来《chuānqilái》还《hái》很《hěn》费劲，《fèijìn,》[1] 所以《suǒyǐ》年轻人《niánqīngrén》一般《yìbān》都《dōu》去《qù》店《diàn》里《li》租《zū》和服。《héfú.》像《Xiàng》成人《chéngrén》仪式、《yíshì、》毕业《bìyè》典礼、《diǎnlǐ、》婚礼《hūnlǐ》这些《zhèxiē》场合《chǎnghé》[2] 会《huì》有人《yǒurén》选择《xuǎnzé》穿《chuān》和服。《héfú.》还有《Háiyǒu》夏天《xiàtiān》的《de》花火《huāhuǒ》大会，《dàhuì,》[3] 有《yǒu》很《hěn》多《duō》人《rén》会《huì》穿《chuān》浴衣《yùyī》去《qù》参加。《cānjiā.》

友達●着物は持ってる？ 日本人は普段着物をどんなときに着るの？

山田●私は着物を持ってないけど、祖父母の家にはあるよ。着物は高いし、着るのも大変だから、若者は店で着物をレンタルするんだ。成人式、卒業式、結婚式みたいな行事で、着物を着る人もいるね。それに夏は花火大会に、たくさんの人が浴衣を着て行くんだ。

単語

音声62

和服《héfú》	通常《tōngcháng》	场合《chǎnghé》	穿《chuān》	贵《guì》	费劲《fèijìn》	租《zū》
着物	いつも	機会	着る	高い	大変（苦労する）	レンタル
成人《chéngrén》	仪式《yíshì》	毕业《bìyè》	典礼《diǎnlǐ》	婚礼《hūnlǐ》	花火《huāhuǒ》大会《dàhuì》	浴衣《yùyī》
成人	儀式	卒業	式典	結婚式	花火大会	浴衣

構文・フレーズ

音声63

「～で、しかも～」は、「不仅……还……」を。

本文1 和服《Héfú》不仅《bùjǐn》很《hěn》贵《guì》，穿起来《chuānqilai》还《hái》很《hěn》费劲《fèijìn》。

例文 她《Tā》做《zuò》的《de》蛋糕《dàngāo》不仅《bùjǐn》好吃《hǎochī》，还《hái》特别《tèbié》可爱《kě'ài》。

彼女の作るケーキはおいしいくて、しかもすごくかわいいです。

例を挙げる時は、「像……这些」を。

本文2 像《Xiàng》 成人《chéngrén》仪式《yíshì》、毕业《bìyè》典礼《diǎnlǐ》、婚礼《hūnlǐ》这些《zhèxiē》场合《chǎnghé》

例文 像《Xiàng》 泰国《Tàiguó》、新加坡《Xīnjiāpō》、马来西亚《Mǎláixīyà》

这些《zhèxiē》都《dōu》属于《shǔyú》东南亚《Dōngnányà》的《de》国家《guójiā》。

タイ、シンガポール、マレーシアなどの国は、
みんな東南アジアに属します。

何かを思い出して付け加える時は、「还有」を。

本文3 还有《Háiyǒu》夏天《xiàtiān》的《de》花火《huāhuǒ》大会《dàhuì》。

例文 你《Nǐ》今天《jīntiān》洗《xǐ》一下《yíxià》衣服《yīfu》吧《ba》，

还有《háiyǒu》别《bié》忘了《wàngle》倒《dào》垃圾《lājī》。

今日は洗濯をして、それからゴミ出しを忘れないで。

使える表現

我《Wǒ》对《duì》日本《Rìběn》的《de》传统《chuántǒng》文化《wénhuà》很《hěn》感《gǎn》兴趣《xìngqu》！

日本の伝統文化にとても興味があります！

我《Wǒ》想《xiǎng》学《xué》中国《Zhōngguó》的《de》书法《shūfǎ》。

中国の書道を習いたいです。

日本《Rìběn》的《de》和服《héfú》可以《kěyǐ》分《fēn》很《hěn》多《duō》种《zhǒng》。

日本の着物は多くの種類に分類できます。

我《Wǒ》很《hěn》佩服《pèifú》日本《Rìběn》的《de》匠人《jiàngrén》精神《jīngshén》。

日本の職人精神に感心します。

和服《Héfú》不《bù》一定《yídìng》要《yào》自己《zìjǐ》买《mǎi》，可以《kěyǐ》租《zū》。

着物は自分で買う必要はなくて、レンタルできます。

我《Wǒ》想《xiǎng》体验《tǐyàn》一下《yíxià》日本《Rìběn》的《de》茶道《chádào》。

日本の茶道を体験してみたいです。

相扑《Xiāngpū》是《shì》日本《Rìběn》的《de》一《yí》项《xiàng》传统《chuántǒng》竞技《jìngjì》。

相撲は日本の伝統的な競技です。

我《Wǒ》看不懂《kànbudǒng》歌舞伎《gēwǔjì》，我《wǒ》奶奶《nǎinai》很《hěn》喜欢《xǐhuan》看《kàn》。

私は歌舞伎が分からないのですが、祖母は大好きです。

自己紹介 1
家族紹介 2
出身地紹介 3
学歴 4
中国語を勉強する理由 5
恋愛事情 6
好きなタイプ 7
お茶 8
お酒 9
伝統衣装 10
食生活 11
日本料理 12
中国料理 13

関連単語

音声65

日本の伝統芸能

茶道《chádào》	茶道
花道《huādào》	生け花
剑道《jiàndào》	剣道
空手道《kōngshǒudào》	空手
书法《shūfǎ》	書道
匠人《jiàngrén》	職人
浮世绘《fúshìhuì》	浮世絵
相扑《xiāngpū》	相撲
歌舞伎《gēwǔjì》	歌舞伎
能剧《néngjù》	能
落语《luòyǔ》	落語
三味线《sānwèixiàn》	三味線
太鼓《tàigǔ》	太鼓
尺八《chǐbā》	尺八
温泉《wēnquán》	温泉
神社《shénshè》	神社
寺庙《sìmiào》	寺
榻榻米《tàtàmǐ》	畳
樱花《yīnghuā》	桜
赏《shǎng》 樱《yīng》	お花見
夏日《xiàrì》祭《jì》	夏祭り
烟花《yānhuā》	花火
盂兰盆《yúlánpén》节《jié》	お盆
年会《niánhuì》	忘年会

最近、日本のアニメやテレビドラマの影響で、中国の若者は日本語の単語をそのまま使うことが増えました。例えば、中国語で花火大会は「烟花会」ですが、最近は日本の花火大会のことを言うとき、中国語でも「花火大会」と言います。中国語で「浴衣」はお風呂の後に着る服ですが、最近は日本の浴衣を指すこともあります。「人气、违和感、腹黑、萌、过劳死、爆笑、毒舌」など日本語由来の語も、徐々に中国語に浸透してきています。

関連単語

音声66

中国の伝統

- 武术《wǔshù》 — 武術
- 太极拳《tàijíquán》 — 太極拳
- 杂技《zájì》 — 雑技
- 气功《qìgōng》 — 気功
- 变脸《biànliǎn》 — 変面（四川の伝統芸能、一瞬で役者がお面の柄を切り替える芸）
- 京剧《jīngjù》 — 京劇
- 二胡《èrhú》 — 二胡
- 琵琶《pípa》 — 琵琶
- 古筝《gǔzhēng》 — 箏（そう）
- 汉服《Hànfú》 — 漢服
- 旗袍《qípáo》 — チャイナドレス
- 刺绣《cìxiù》 — 刺繡
- 中药《zhōngyào》 — 漢方薬
- 中医《zhōngyī》 — 中国医学
- 针灸《zhēnjiǔ》 — 鍼
- 按摩《ànmó》 — マッサージ、あんま
- 春节《Chūnjié》 — 旧正月
- 元宵节《Yuánxiāo jié》 — 元宵節（げんしょうせつ）、小正月
- 清明节《Qīngming jié》 — 清明節（せいめいせつ）
- 端午节《Duānwǔ jié》 — 端午の節句
- 七夕节《Qīxī jié》 — 七夕の節句
- 中秋节《Zhōngqiū jié》 — 中秋節

「大変」と言いたい

音声67

日本語の「大変」と同じ意味の中国語の単語はありません。
文脈によって、いろいろな表現があります。

① 名詞の場合

重大变故《zhòngdà biàngù》、大事变《dàshìbiàn》

国家の大変
国家《Guójiā》的《de》重大变故《zhòngdà biàngù》

② 副詞の場合

实在是《shízài shì》、非常《fēicháng》、十分《shífēn》、相当《xiāngdāng》……

大変お待たせしました。
实在是《Shízài shì》让《ràng》您《nín》久等《jiǔděng》了《le》。

大変うれしく思います。
我《Wǒ》感到《gǎndào》非常《fēicháng》开心《kāixīn》。

③ 形容動詞の場合

糟糕《zāogāo》、费劲《fèijìn》、麻烦《máfan》、难受《nánshòu》、累《lèi》、吃力《chīlì》……
[文脈によって、かなり違う]

今大変な状況になっている。
现在《Xiànzài》 状况《zhuàngkuàng》 变得《biànde》很《hěn》糟糕《zāogāo》。

英語の単語を覚えるのが大変。
英语《Yīngyǔ》单词《dāncí》背起来《bèiqǐlái》很《hěn》费劲《fèijìn》。

ビザの手続きが大変。
签证《Qiānzhèng》 的《de》手续《shǒuxù》好《hǎo》麻烦《máfan》。

これからはもっと大変だよ。
以后《Yǐhòu》的《de》日子《rìzi》会《huì》更《gèng》难受《nánshòu》。

子育てするのは本当に大変。
养《Yǎng》 小孩《xiǎohái》真的《zhēnde》很《hěn》累《lèi》。

食生活 11 饮食《Yǐnshí》习惯《xíguàn》

音読 ✓ ✓ ✓ ✓ ✓　実践 ✓ ✓ ✓ ✓ ✓

音声 68

朋友●你《Nǐ》平时《píngshí》会《huì》自己《zìjǐ》做《zuò》饭《fàn》吗《ma》？还是《háishi》叫《jiào》外卖《wàimài》？

高桥●我《Wǒ》平时《píngshí》工作《gōngzuò》比较《bǐjiào》忙《máng》，工作日《gōngzuòrì》的《de》话《huà》主要《zhǔyào》靠《kào》便利店《biànlìdiàn》的《de》便当《biàndāng》，[1] 或是《huòshì》在《zài》公司《gōngsī》附近《fùjìn》的《de》餐厅《cāntīng》随便《suíbiàn》吃《chī》一点《yìdiǎn》。周末《Zhōumò》会《huì》在《zài》家《jiā》自己《zìjǐ》做《zuò》饭《fàn》，[2] 一般《yìbān》做《zuò》一些《yìxiē》日本《Rìběn》家常《jiācháng》菜《cài》。偶尔《Ǒu'ěr》也《yě》会《huì》叫《jiào》外卖《wàimài》，不过《búguò》日本《Rìběn》的《de》外卖《wàimài》比较《bǐjiào》贵《guì》，[3] 一《yí》个《ge》人《rén》吃《chī》不《bù》划算《huásuàn》。

友達●普段、自炊するの？ デリバリー？

高橋●普段仕事が忙しくて、平日はだいたいコンビニのお弁当に頼るか、会社の近くのお店で適当に食べてる。週末は家で作る、たいてい和食の家庭料理をね。たま～にデリバリーもするけど、日本では高いから、一人じゃコスパが悪いよね。

単語 音声69

平时《píngshí》	工作日《gōngzuòrì》	便当《biàndāng》	靠《kào》	
普段	就業日	弁当	～に頼る	
附近《fùjìn》	餐厅《cāntīng》	周末《zhōumò》	做饭《zuò fàn》	家常菜《jiācháng cài》
近くの	レストラン	週末	自炊する	家庭料理
偶尔《ǒu'ěr》	叫《jiào》	外卖《wàimài》	贵《guì》	划算《huásuàn》
たまに	呼ぶ、注文する	デリバリー	高い	お得

構文・フレーズ 音声70

「～に頼る」は、「靠……」を。

本文1 工作日《Gōngzuòrì》的《de》话《huà》主要《zhǔyào》靠《kào》便利店《biànlìdiàn》的《de》便当《biàndāng》。

例文 这次《Zhècì》能《néng》 成功《chénggōng》 全《quán》靠《kào》你《nǐ》。

今回成功できたのはすべてあなたのおかげです。

することを強調する場合は、「会＋動詞」を。

本文2 周末《Zhōumò》会《huì》在《zài》家《jiā》自己《zìjǐ》做饭《zuò fàn》。

例文 我《Wǒ》每天《měitiān》都《dōu》会《huì》听《tīng》音乐《yīnyuè》。

毎日音楽を聞きます。

「でも～」は、「不过」を。

本文3 偶尔《Ǒu'ěr》也《yě》会《huì》叫《jiào》外卖《wàimài》，不过《búguò》日本《Rìběn》的《de》外卖《wàimài》比较《bǐjiào》贵《guì》。

例文 这个《Zhège》桌子《zhuōzi》便宜《piányi》，不过《búguò》质量《zhìliàng》不《bù》好《hǎo》。

この机は安いですが、質が良くありません。

Tā pingshi gōngzuò hěn máng!
他平时工作很忙！
彼は普段仕事が忙しいです！

Wǒ yibān zhōumò dōu yǒukòng.
我一般周末都有空。
週末は大体暇です。

Hǎo è a, wǒ jiào ge wàimài.
好饿啊，我叫个外卖。
お腹が空いたので、デリバリーを頼みます。

Jīntiān bù xiǎng zuò fàn, wǒmen chūqù chī ba.
今天不想做饭，我们出去吃吧。
今日は料理したくないので、外に食べに行きましょう。

Bāng wǒ diǎn yí ge zhájī de wàimài ba.
帮我点一个炸鸡的外卖吧。
ジーパイのデリバリーを頼んでください。

Mápó dòufu shi Sichuān yǒuming de jiācháng cài.
麻婆豆腐是四川有名的家常菜。
麻婆豆腐は四川省の有名な家庭料理です。

Zuijin tiāntiān zài wàimiàn chī, zhǎngpàng le.
最近天天在外面吃，长胖了。
最近毎日外食してたので、太ってしまいました。

Zhè fùjin yǒu méiyǒu shénme tuījiàn de cāntīng?
这附近有没有什么推荐的餐厅？
近くにおすすめのレストランはありますか？

自己紹介 1
家族紹介 2
出身地紹介 3
学歴 4
中国語を勉強する理由 5
恋愛事情 6
好きなタイプ 7
お茶 8
お酒 9
伝統衣装 10
食生活 11
日本料理 12
中国料理 13

関連単語 音声72

調理→

			超市《chāoshì》 スーパー	菜市场《càishìchǎng》 野菜市場
买菜《mǎi cài》 食品を買う	洗菜《xǐ cài》 野菜を洗う	切菜《qiē cài》 野菜を切る	做饭《zuò fàn》 食事を作る	做菜《zuò cài》 料理する
炒《chǎo》 (油で)炒める	蒸《zhēng》 蒸す	煮《zhǔ》 煮る	炸《zhá》 (油で)揚げる	烧《shāo》 煮込む
煎《jiān》 (少量の油で両面がキツネ色になるまで)焼く		炖《dùn》 (多く肉類の塊を水に入れてとろ火で柔らかくなるまで)長時間ぐつぐつ煮る		
	蔬菜《shūcài》 野菜	米饭《mǐfàn》 ご飯	汤《tāng》 スープ	
	肉《ròu》 肉	鸡《jī》 鶏	鸭《yā》 アヒル、鴨	
鱼《yú》 魚	蛋《dàn》 卵	奶《nǎi》 牛乳、乳製品	虾《xiā》 エビ	贝《bèi》 貝

この数年、中国ではフードデリバリーが急速に普及し、中国人、特に若者はデリバリーアプリに頼り切っています。デリバリーアプリは食事を頼めるほか、生鮮食品や日用品、医薬品も買えます。さらに専門の宅配業者が指定した場所で買い物や配達を手伝ってくれる「跑腿」(おつかい)サービスもあります。デリバリーや宅配サービスをする人が多いので、とても速くて便利で安いです。

自己紹介 1
家族紹介 2
出身地紹介 3
学歴 4
中国語を勉強する理由 5
恋愛事情 6
好きなタイプ 7
お茶 8
お酒 9
伝統衣装 10
食生活 11
日本料理 12
中国料理 13

関連単語 音声73

外食 →

中国語	日本語
点菜《diǎn cài》	注文する
服务员《fúwùyuán》	ウエイター・ウエイトレス
上菜《shàng cài》	料理を出す
买单《mǎidān》	会計する
冰水《bīngshuǐ》	お冷や
热茶《rè chá》	温かいお茶
碗《wǎn》	お椀
筷子《kuàizi》	箸
勺子《sháozi》	スプーン
盘子《pánzi》	大皿
叉子《chāzi》	フォーク
牙签《yáqiān》	爪楊枝
围裙《wéiqún》	エプロン
堂吃《tángchī》	店内で食べる
打包《dǎbāo》	詰めてもらって持ち帰る
订餐《dìng cān》	料理を事前予約する
订位《dìng wèi》	予約してレストランの席を確保する

「できる」と言いたい

音声74

会

①技能・スキルを会得している

私は泳ぐことができます。

我《Wǒ》会《huì》游泳《yóuyǒng》。

私はピアノを弾くことができます。

我《Wǒ》会《huì》弹《tán》钢琴《gāngqín》。

②未来の可能性がある

明日はもっと良くなるでしょう。

明天《Míngtiān》会《huì》更《gèng》好《hǎo》。

私は明日ご飯に来ます。

我《Wǒ》明天《míngtiān》会《huì》来《lái》吃《chī》饭《fàn》。

能

①能力が備わっている

このオウムは話せます。

这《Zhè》只《zhī》鹦鹉《yīngwǔ》能《néng》说话《shuōhuà》。

②条件が揃っている

私は明日食事に行けますが、行きたくないです。

我《Wǒ》明天《míngtiān》能《néng》去《qù》吃《chī》饭《fàn》，但《dàn》我《wǒ》不《bù》想《xiǎng》去《qù》。

③許可されている

ここでタバコが吸えます。

这里《Zhèli》能《néng》抽烟《chōuyān》。

可以

①許されている

私の家に泊まってもいいよ。

你《Nǐ》可以《kěyǐ》来《lái》我家《wǒjiā》休息《xiūxi》。

②客観的条件としてできる

ウサギは果物を食べることができます。

兔子《Tùzi》可以《kěyǐ》吃《chī》水果《shuǐguǒ》。

日本料理 12 日本料理《Rìběn liàolǐ》

音読 ✓ ✓ ✓ ✓ ✓

実践 ✓ ✓ ✓ ✓ ✓

音声 75

朋友●我《Wǒ》下《xià》个《ge》月《yuè》去《qù》日本《Rìběn》，有《yǒu》什么《shénme》推荐《tuījiàn》的《de》美食《měishí》呢《ne》？

山田●如果《Rúguǒ》你《nǐ》可以《kěyǐ》接受《jiēshòu》吃《chī》生《shēng》的《de》东西《dōngxī》的话《de huà》[1]，那《nà》当然《dāngrán》是《shì》寿司《shòusī》和《hé》生鱼片《shēngyúpiàn》。高级《Gāojí》的《de》寿司《shòusī》店《diàn》大概《dàgài》人均《rén jūn》1《yī》至《zhì》3《sān》万《wàn》日元《rìyuán》，回转《huízhuǎn》寿司《shòusī》就《jiù》比较《bǐjiào》大众《dàzhòng》，性价比《xìngjiàbǐ》很《hěn》高《gāo》。或者《Huòzhě》是《shì》寿喜烧《shòuxǐshāo》、涮肉《shuàn ròu》这些《zhèxiē》也《yě》都《dōu》蛮《mán》推荐《tuījiàn》的《de》[2]！我《Wǒ》知道《zhīdào》一些《yìxiē》很《hěn》好吃《hǎochī》的《de》店《diàn》，等下《děngxià》分享《fēnxiǎng》给《gěi》你《nǐ》[3]。

友達●来月日本に行くんだけど、何かおすすめのおいしい物はある？
山田●生物（なまもの）も大丈夫なら、もちろん寿司や刺身だね。高級寿司は大体一人1万から3万円くらいするけど、回転寿司は大衆的で、コスパがいいよ。それか、すき焼きやしゃぶしゃぶもおすすめ！けっこうおいしい店を知ってるから、後で紹介するね。

単語 音声76

推荐《tuījiàn》	美食《měishí》	接受《jiēshòu》	生《shēng》	……的话《de huà》	
おすすめ	グルメ	受け入れる	生(なま)	～なら	
当然《dāngrán》	寿司《shòusī》	生鱼片《shēngyúpiàn》	高级《gāojí》	大概《dàgài》	人均《rénjūn》
当然	寿司	刺身	高級	大体	一人あたり
大众《dàzhòng》	性价比《xingjiàbǐ》	寿喜烧《shòuxǐshāo》	涮肉《shuàn ròu》	分享《fēnxiǎng》	蛮《mán》
大衆的な	コスパ	すき焼き	しゃぶしゃぶ	共有する	けっこう

構文・フレーズ 音声77

「もし～なら」は、「如果……的话」を。

本文1 如果《Rúguǒ》你《nǐ》可以《kěyǐ》接受《jiēshòu》吃《chī》生《shēng》的《de》东西《dōngxi》的话《de huà》,

例文 如果《Rúguǒ》太《tài》贵《guì》的话《de huà》就《jiù》不《bù》买《mǎi》。

もし高すぎたら、買いません。

「けっこう～」は、「蛮＋形容詞/動詞」を。

本文2 寿喜烧《Shòuxǐshāo》、涮肉《shuàn ròu》这些《zhèxiē》也《yě》都《dōu》蛮《mán》推荐《tuījiàn》的《de》!

例文 他《Tā》女朋友《nǚpéngyou》蛮《mán》漂亮《piàoliang》的《de》。

彼女の友達が、けっこう美人です。

「後で」は、「等下/回头」を。

本文3 等下《Děngxia》分享《fēnxiǎng》给《gěi》你《nǐ》。

例文 你《Nǐ》先《xiān》帮《bāng》我《wǒ》给《gěi》一下《yíxià》钱《qián》,我《wǒ》等下《děngxià》再《zài》给《gěi》你《nǐ》。

まずお金を私にください、後で私があなたに渡します。

使える表現

音声 78

Rìběn yǒu hǎoduō měishí.
日本有好多美食。
日本にはおいしい食べ物がたくさんあります。

Nǐ xǐhuan chī shénme lèixíng de?
你喜欢吃什么类型的？
どんな種類の食べ物が好きですか?

Wǒ xiǎng chī dāngdì de měishí.
我想吃当地的美食。
ご当地グルメを食べたいです。

Dài wǒ qù yì jiā zhèngzōng de diàn ba.
带我去一家正宗的店吧。
本場の店に連れて行ってください。

Zhè jiā diàn de wèidào zěnmeyàng?
这家店的味道怎么样？
このお店の味はどうですか?

Zhèli kěyǐ chī dào dìdao de shòusī.
这里可以吃到地道的寿司。
ここでは本格的なお寿司が食べられます。

Wǒ chá yíxià zhè jiā diàn de píngfēn.
我查一下这家店的评分。
このお店の評価をちょっと調べてみます。

Zhè jiā diàn kǒubēi búcuò, xìngjiàbǐ hěn gāo.
这家店口碑不错，性价比很高。
この店は評判が良く、コスパがいいです。

関連単語

音声79

居酒屋《jūjiǔwū》 居酒屋	烤鸡串《kǎojīchuàn》 焼き鳥	烤肉《kǎoròu》 焼き肉	和牛《héniú》 和牛	天妇罗《tiānfùluó》 天ぷら
荞麦面《qiáomàimiàn》 ソバ	味噌汤《wèicēngtāng》 みそ汁	大阪烧《Dàbǎnshāo》 お好み焼き	章鱼烧《zhāngyú shāo》 たこ焼き	炒面《chǎomiàn》 焼きそば
炸串《zháchuàn》 串揚げ	炸猪排《zházhūpái》 とんかつ	海鲜盖饭《hǎixiān gàifàn》 海鮮丼	玉子烧《yùzǐshāo》 卵焼き	明太子《míngtàizǐ》 明太子
泡菜《pàocài》 漬物	金枪鱼《jīnqiāngyú》 マグロ	三文鱼《sānwényú》 鮭	海胆《hǎidǎn》 ウニ	鱼籽《yúzǐ》 魚の卵
酱油《jiàngyóu》 しょうゆ	芥末《jièmò》 わさび	生姜《shēngjiāng》 ショウガ	葱《cōng》 ネギ	芝麻《zhīma》 ゴマ
蘸料《zhànliào》 タレ、つゆ	酱汁《jiàngzhī》 ソース	盐《yán》 塩	味精《wèijīng》 化学調味料	砂糖《shātáng》 砂糖

なぜ多くの中国人は食べ物を生で食べたがらないのでしょうか？ ほとんどの地域、特に内陸部では習慣がないからです。また、冷たい食べ物は健康に良くないと考えていて、いつも食べ物は温めて食べます。さらに、生鮮食品の取り扱いや衛生管理が日本ほど厳しくないため、お腹を壊す可能性もあります。ただ、上海周辺では「醉虾、醉蟹」と呼ばれる生のエビやカニを食べる習慣があり、広東でも刺身を食べる習慣があります。

レストランを評価する表現

音声80

価格

价格《jiàgé》 価格	实惠《shíhuì》 お手頃	便宜《piányi》 安い
划算《huásuàn》 お得	贵《guì》 高い	价格《jiàgé》偏高《piāngāo》 わりと高い

雰囲気

环境好《huánjìng hǎo》 環境がよい	干净《gānjìng》 清潔	宽敞《kuānchǎng》 広々している
舒适《shūshì》 心地よい	装修 好看《zhuāngxiū hǎokàn》 内装が素敵	
适合《shìhé》打卡《dǎkǎ》 映(ば)える	网红风《wǎnghóngfēng》 インスタ風	

脏乱差《zāngluànchà》 汚くて乱雑	拥挤《yǒngjǐ》 混んでいる	狭小《xiáxiǎo》 狭い	破旧《pòjiù》 ぼろぼろ

サービス

- 服务《fúwù》：サービス
- 周到《zhōudào》：至れり尽くせり
- 亲切《qīnqiè》：親切
- 贴心《tiēxīn》：心がこもっている
- 态度好《tàidù hǎo》：接客態度が良い
- 态度差《tàidù chà》：接客態度が悪い
- 很凶《hěn xiōng》：ひどい、きつい
- 冷漠《lěngmò》：冷淡

料理

- 菜品《càipǐn》：料理
- 好吃《hǎochī》：おいしい
- 味道好《wèidào hǎo》：味がよい
- 精致《jīngzhì》：手が込んでいる
- 用心《yòngxīn》：心がこもった
- 一般《yibān》：ありきたりな
- 不好吃《bù hǎochī》：おいしくない
- 难吃《nánchī》：(食べてみて)まずい

中国料理 13 中餐《Zhōngcān》

音読 ✓ ✓ ✓ ✓ ✓　実践 ✓ ✓ ✓ ✓ ✓

音声 81

朋友●你《Nǐ》喜欢《xǐhuan》吃《chī》中餐吗《zhōngcānma》？

高桥●很《Hěn》喜欢《xǐhuan》！在《Zài》日本《Rìběn》像《xiàng》麻婆《mápó》豆腐《dòufu》、回锅肉《huíguōròu》、干烧《gānshāo》虾仁《xiārén》这些《zhèxiē》[1]传统《chuántǒng》的《de》中国《Zhōngguó》菜《cài》很《hěn》受《shòu》欢迎《huānyíng》。我《Wǒ》还《hái》特别《tèbié》喜欢《xǐhuan》地道《dìdao》的《de》川菜《chuāncài》，比如《bǐrú》麻辣烫《málàtàng》和《hé》火锅《huǒguō》，最近《zuìjìn》麻辣《málà》口味《kǒuwèi》在《zài》日本《Rìběn》也《yě》很《hěn》流行《liúxíng》！不过《Búguò》我《wǒ》最近《zuìjìn》在《zài》减肥《jiǎnféi》，中餐《zhōngcān》比较《bǐjiào》油腻《yóunì》，我《wǒ》怕《pà》长胖《zhǎngpàng》不《bù》敢《gǎn》吃《chī》太《tài》多《duō》。[2]

友達●中華料理は好き？

高橋●好き！ 麻婆豆腐や、ホイコウロウ、エビチリのような伝統的な中華料理は、日本でとても人気がある。特に麻辣湯や火鍋みたいな、本場の四川料理が好き。最近は日本でも麻辣(マーラー)味がブームなんですよ！ ただ、最近ダイエットしてて、中華料理は脂っぽいので、太るのが怖くてあまり食べる勇気はありません。

単語 音声82

中餐《zhōngcān》 中華料理	麻婆豆腐《mápó dòufu》 麻婆豆腐	回锅肉《huíguōròu》 ホイコウロウ	干烧虾仁《gānshāo xiārén》 エビチリ	
传统《chuántǒng》 伝統	受 欢迎《shòu huānyíng》 人気がある	地道《dìdao》 本場	川菜《chuāncài》 四川料理	麻辣烫《málàtàng》 麻辣湯
火锅《huǒguō》 火鍋	口味《kǒuwèi》 味	减肥《jiǎnféi》 ダイエット	油腻《yóunì》 脂っぽい	长 胖《zhǎngpàng》 太る

構文・フレーズ 音声83

「例えば～など」は、「像……这些」を。

本文1 像《Xiàng》 麻婆豆腐《mápó dòufu》、回锅肉《huíguōròu》、干烧虾仁《gānshāo xiārén》这些《zhèxiē》。

例文 我《Wǒ》喜欢《xǐhuan》像《xiàng》芒果《mángguǒ》、榴莲《liúlián》这些《zhèxiē》热带《rèdài》水果《shuǐguǒ》。

マンゴーやドリアンなどのトロピカルフルーツが好きです。

「～する勇気はない」は、「不敢＋動詞」を。

本文2 我《Wǒ》怕《pà》长 胖《zhǎng pàng》不《bù》敢《gǎn》吃《chī》太《tài》多《duō》。

例文 他《Tā》不《bù》敢《gǎn》辞掉《cídiào》现在《xiànzài》的《de》工作《gōngzuò》。

彼は今の仕事を辞める勇気はありません。

使える表現

音声84

Sìchuān cài nǐ néng chī ma?
四川菜你能吃吗？
四川料理は食べられますか?

Chúle là de dōngxi, wǒ dōu kěyǐ.
除了辣的东西，我都可以。
辛いもの以外なら何でも大丈夫です。

Wǒ xǐhuan chī qīngdàn de cài.
我喜欢吃清淡的菜。
私はあっさりした料理を食べるのが好きです。

Nǐ xiǎng chī zhōngcān、xīcān háishi rìliào?
你想吃中餐、西餐还是日料？
中華料理、洋食、それとも和食が食べたいですか?

Wǒ dōu kěyǐ chī, nǐ juédìng ba.
我都可以吃，你决定吧。
私は何でも食べられますよ、あなたが決めてください。

Nǐ yǒu shénme bù néng chī de ma?
你有什么不能吃的吗？
食べられない物はありますか?

Wǒ duì hǎixiān guòmǐn.
我对海鲜过敏。
私は魚介アレルギーです。

Nǐ zhème shòu, duō chī yìdiǎn méi guānxi de.
你这么瘦，多吃一点没关系的。
そんなに痩せているので、もっと食べても気にすることはないです。

関連単語

音声85

中国料理・材料

烤鸭《kǎoyā》	アヒルの丸焼き
馄饨《húntun》	ワンタン
饺子《jiǎozi》	餃子
煎饺《jiānjiǎo》	焼き餃子
虾饺《xiājiǎo》	エビ餃子
烧麦《shāomài》	シューマイ
炒饭《chǎofàn》	チャーハン
包子《bāozi》	パオズ
小笼包《xiǎolóngbāo》	小籠包
馒头《mántou》	饅頭、中国風蒸しパン
春卷《chūnjuǎn》	春巻
叉烧《chāshāo》	チャーシュー
皮蛋《pídàn》	ピータン
牛蛙《niúwā》	食用カエル、ウシガエル
鸡爪《jīzhuǎ》	鶏の足
小龙虾《xiǎolóngxiā》	ザリガニ
卤菜《lǔcài》	香辛料入り煮物
鱼翅《yúchì》	フカヒレ
鲍鱼《bàoyú》	アワビ
酸菜鱼《suāncàiyú》	白身魚と高菜の漬物をスパイスと煮る四川料理
水煮肉片《shuǐzhǔ ròupiàn》	薄切りの豚肉をスパイス入りの油で炒め、水を加えて煮る四川料理
青椒肉丝《qīngjiāo ròusī》	チンジャオロース
担担面《dàndànmiàn》	担々麺
红烧肉《hóngshāoròu》	中華風豚の角煮
咕咾肉《gūlǎoròu》	酢豚
杏仁豆腐《xìngrén dòufu》	杏仁豆腐

関連単語

音声86

味・食感

酸《suān》	酸っぱい
甜《tián》	甘い
苦《kǔ》	苦い
辣《là》	（トウガラシで）辛い
咸《xián》	塩辛い
香《xiāng》	香りがよい、味がよい
麻《má》	（中国サンショウで）ピリピリしびれる
焦《jiāo》	こげる
酥《sū》	サクサクしている
脆《cuì》	歯ざわりがよい
嫩《nèn》	（さっと火を通してあり食物が）柔らかい
老《lǎo》	（食物を煮すぎて）固い
滑《huá》	つるつるしている
软《ruǎn》	柔らかい
硬《yìng》	硬い
热《rè》	温かい
冷《lěng》	冷たい
冰《bīng》	痛いくらい冷たい
烫《tàng》	痛いくらい熱い

中国人は中華料理を「中华料理」とは言わず、「中餐」または「中国菜」と言います。相手に「你想吃中餐还是西餐？」(中華料理が食べたいですか？ 洋食ですか?) と尋ねたり、レストランの種類を指すときは「中餐」を使います。「中国菜」は具体的な料理を指すとき使います。例えば「你喜欢吃什么中国菜？」(どの中華料理が好きですか?) と聞くときです。日本の中華料理は日本人の口に合うように発展させたものです。その結果、日本人に人気の中華料理の天津飯のように、中国には存在ないメニューもあります。

優しく断りたい

音声87

感謝から始める断り方は、「谢谢你的好意，但是……」で。

谢谢《Xièxie》你《nǐ》的《de》好意《hǎoyì》，但是《dànshì》我《wǒ》明天《míngtiān》必须《bìxū》要《yào》出发《chūfā》。

ありがたいのですが、明日出発しなければいけません。

心遣いを受け止めて断るには、「你的好意我心领了，就不……啦」を。

你《Nǐ》的《de》好意《hǎoyì》我《wǒ》心领《xīnlǐng》了《le》，就《jiù》不《bù》麻烦《máfan》你《nǐ》送《sòng》我《wǒ》啦《la》。

お心遣い、ありがとうございます。お見送りは結構です。

気持ちと状況を伝えて断るには、「我很想……，不过……」を。

我《Wǒ》很《hěn》想《xiǎng》和《hé》你们《nǐmen》去《qù》玩《wán》，

不过《búguò》我《wǒ》还有《háiyǒu》工作《gōngzuò》要《yào》做《zuò》。

一緒に遊びに行きたいのですが、まだしなければならない仕事があるので。

お詫びして断るには、「对不起，这次我不行，下次再……吧！」を。

对不起《Duìbuqǐ》，这次《zhècì》我《wǒ》不行《bùxíng》，下次《xiàcì》再《zài》一起《yìqǐ》吃《chī》饭《fàn》吧《ba》！

申し訳ないのですが、今回は難しいです。また今度一緒に食事しましょう。

軽く断って状況を伝えるには、「不好意思，我怕……，所以……」を。

不好意思《Bù hǎoyìsi》，我《wǒ》怕《pà》明天《míngtiān》迟到《chídào》，

所以《suǒyǐ》今晚《jīnwǎn》就《jiù》不《bù》喝《hē》酒《jiǔ》了《le》。

ごめんなさい、明日遅れるといけないので、今夜は飲みません。

住まい 14 居住情况《Jūzhù qíngkuàng》

音読 ✓ ✓ ✓ ✓ ✓　実践 ✓ ✓ ✓ ✓ ✓

音声 88

朋友●你《Nǐ》现在《xiànzài》住《zhù》在《zài》哪里《nǎlǐ》呢《ne》？和《Hé》家人《jiārén》一起《yìqǐ》住《zhù》吗《ma》？

山田●我《Wǒ》现在《xiànzài》住《zhù》在《zài》东京《Dōngjīng》的《de》新宿《Xīnsù》附近《fùjìn》，目前《mùqián》是《shì》一《yí》个《ge》人《rén》住《zhù》。我《Wǒ》从《cóng》上《shàng》大学《dàxué》开始《kāishǐ》就《jiù》从《cóng》家《jiā》搬《bān》出来《chūlái》自己《zìjǐ》一《yī》个《ge》人《rén》住《zhù》了《le》，[1] 因为《yīnwèi》想要《xiǎngyào》更《gèng》多《duō》自由《zìyóu》的《de》空间《kōngjiān》。我《Wǒ》租《zū》的《de》公寓《gōngyù》虽然《suīrán》离《lí》车站《chēzhàn》很《hěn》近《jìn》，但是《dànshì》房间《fángjiān》特别《tèbié》小《xiǎo》。等《Děng》我《wǒ》以后《yǐhòu》有《yǒu》钱《qián》了《le》一定《yídìng》要《yào》搬《bān》到《dào》塔楼《tǎlóu》里《li》去《qù》！[2]

友達●今どこに住んでるの？ 家族と一緒に住んでるの？
山田●今は東京の新宿の近くに住んでて、今のところ一人暮らし。もっと自由なスペースが欲しかったから、大学に入った時から、家を出て一人暮らしを始めたんだ。私が借りたアパートは駅に近いんだけど、部屋はすごく狭いよ。いつかお金持ちになったら絶対タワマンに引っ越したい。

単語 音声89

住《zhù》	住む
新宿《Xīnsù》	新宿
附近《fùjìn》	近く
目前《mùqián》	現在
搬《bān》	引っ越す
自由《zìyóu》	自由
空间《kōngjiān》	空間
公寓《gōngyù》	マンション
租《zū》	借りる
车站《chēzhàn》	駅
塔楼《tǎlóu》	タワーマンション

構文・フレーズ 音声90

「〜から〜をする」は、「从……开始，就……了」を。

本文1 我《Wǒ》从《cóng》上《shàng》大学《dàxué》开始《kāishǐ》就《jiù》从《cóng》家《jiā》搬《bān》出来《chūlái》自己《zìjǐ》一《yí》个《ge》人《rén》住《zhù》了《le》。

例文 他《Tā》从《cóng》3岁《sān suì》开始《kāishǐ》就《jiù》学习《xuéxí》唱《chàng》歌《gē》了《le》。

彼は3歳から歌を習っています。

「〜したら〜」は、「等……了……」を。

本文2 等《Děng》我《wǒ》以后《yǐhòu》有《yǒu》钱《qián》了《le》，一定《yídìng》要《yào》搬《bān》到《dào》塔楼《tǎlóu》里《li》去《qù》！

例文 等《Děng》你《nǐ》来《lái》东京《Dōngjīng》了《le》，就《jiù》请《qǐng》你《nǐ》吃《chī》饭《fàn》！

あなたが東京に来たら、御馳走します。

使える表現

音声 91

你《Nǐ》住《zhù》在《zài》哪边《nǎbiān》呢《ne》？

どこに住んでいますか？

我《Wǒ》住《zhù》在《zài》东京《Dōngjīng》大学《dàxué》附近《fùjìn》。

私は東京大学の近くに住んでいます。

你《Nǐ》是《shì》一《yí》个《ge》人《rén》住《zhù》吗《ma》？

ひとり暮らしですか？

我《Wǒ》跟《gēn》1《yí》个《ge》室友《shìyǒu》合租《hézū》。

私はルームメイトとルームシェアをしています。

我《Wǒ》不《bù》喜欢《xǐhuan》住《zhù》学校《xuéxiào》宿舍《sùshè》。

学校の寮に住むのは好きではありません。

我《Wǒ》家《jiā》离《lí》公司《gōngsī》和《hé》商场《shāngchǎng》都《dōu》很《hěn》近《jìn》。

私の家は会社とショッピングモールのどちらからも近いです。

他《Tā》家《jiā》很《hěn》大《dà》，可以《kěyǐ》一起《yìqǐ》聚餐《jùcān》。

彼の家は広くて、みんなで集まって食事できます。

我《Wǒ》现在《xiànzài》和《hé》爸《bà》妈《mā》住《zhù》在《zài》一起《yìqǐ》。

私は今両親と一緒に住んでいます。

関連単語

音声92

住居関連

楼房《lóufáng》	公寓《gōngyù》
共同住宅	アパート・マンション

别墅《biéshù》	塔楼《tǎlóu》	平米《píngmǐ》	户型《hùxíng》
一戸建て、別荘	タワマン	平方メートル	間取り

租房《zū fáng》	房租《fángzū》	买房《mǎi fáng》	家具《jiājù》	装修《zhuāngxiū》
部屋を借りる	家賃	家を買う	家具	内装
玄关《xuánguān》	客厅《kètīng》	厨房《chúfáng》	卧室《wòshì》	卫生间《wèishēngjiān》
玄関	リビング	台所	寝室	トイレ
厕所《cèsuǒ》	浴室《yùshì》	阳台《yángtái》	地板《dìbǎn》	窗户《chuānghu》
トイレ	バスルーム	ベランダ	床板	窓

インテリア・家電

沙发《shāfā》	茶几《chájī》	餐桌《cānzhuō》
ソファー	サイドテーブル	ダイニングテーブル

书桌《shūzhuō》	椅子《yǐzi》	床《chuáng》	衣柜《yīguì》	收纳《shōunà》
机	椅子	ベッド	洋服ダンス	収納
抽屉《chōuti》	电视《diànshì》	洗衣机《xǐyījī》	冰箱《bīngxiāng》	微波炉《wēibōlú》
引き出し	テレビ	洗濯機	冷蔵庫	電子レンジ
烤箱《kǎoxiāng》	炉灶《lúzào》	空调《kōngtiáo》	热水器《rèshuǐqì》	热水壶《rèshuǐhú》
オーブン	コンロ	エアコン	湯沸かし器	ポット

「～だけど～」と言いたい

音声93

まずは「虽然……，但是……」で。

虽然《Suīrán》你《nǐ》是《shì》个《ge》好《hǎo》人《rén》，
但《dàn》我《wǒ》已经《yǐjīng》有《yǒu》喜欢《xǐhuan》的《de》人《rén》了《le》。

あなたはいい人ですが、私にはすでに好きな人がいます。

「尽管……，可是……」でも。

尽管《Jǐnguǎn》我《wǒ》很《hěn》努力《nǔlì》复习《fùxí》了《le》，可是《kěshì》还是《háishi》没有《méiyǒu》及格《jígé》。

一生懸命復習したのですが、やはり合格しませんでした。

「……，却……」でも。

我《Wǒ》上周《shàngzhōu》才《cái》见过《jiànguo》他《tā》，
却《què》怎么《zěnme》也《yě》想不起《xiǎngbuqǐ》他《tā》的《de》名字《míngzi》。

先週彼に会ったばかりですが、どうしても名前が思い出せません。

「……，然而……」でも。

网红《Wǎnghóng》 看似《kànsì》很《hěn》赚钱《zhuànqián》，
然而《rán'ér》没有《méiyǒu》大家《dàjiā》 想象《xiǎngxiàng》 的《de》那么《nàme》容易《róngyì》。

インフルエンサーは儲かるように見えますが、
みんなが思うほど簡単ではありません。

「虽然……，不过……」とも。

虽然《Suīrán》他《tā》很《hěn》帅《shuài》，不过《búguò》脾气《píqi》不《bú》太《tài》好《hǎo》。

彼はハンサムですが、性格が悪いです。

「最近怎么样?(最近はどう?)」に応える

音声94

难啊《Nán a.》。
大変だ。

不咋地《Bù zǎ dì.》。
あまり良くない。

马马虎虎《Mǎmǎhūhū.》。
过得去《Guòdeqù.》。
まあまあ。

还行《Hái xíng.》。
就那样《Jiù nàyàng.》。
悪くない。

不错《Búcuò.》。
けっこういい感じ。

很好《Hěn hǎo.》。
とてもいい。

多くの日本人は大学に入ると家を出て一人暮らしを始めますが、中国の大学生は学校にある学生寮に住みます。寮は普通、一部屋4～8人で、トイレとバスルームは共用です。ほとんどの学生は学食で食事します。多くの大学のキャンパスは広大で、学校内にはスーパー、バス、銀行、郵便局、理髪店などがあります。寮に住むと生活費が安いだけでなく、教室へも近くて便利です。

生活環境 15 生活环境《Shēnghuó huánjìng》

音読 ✓ ✓ ✓ ✓ ✓　実践 ✓ ✓ ✓ ✓ ✓

音声 95

朋友●你《Nǐ》家《jiā》那边《nàbiān》房租《fángzū》贵《guì》吗《ma》？周边《Zhōubiān》环境《huánjìng》怎么样《zěnmeyàng》？

高桥●我《Wǒ》现在《xiànzài》住《zhù》的《de》公寓《gōngyù》是《shì》30平米《sānshí píngmǐ》的《de》一《yì》室《shì》一《yì》厅《tīng》，每个《měi ge》月《yuè》房租《fángzū》12万日元《shí'èr wàn rìyuán》，不《bù》便宜《piányi》也《yě》不《bú》算《suàn》贵《guì》[1,2]。我《Wǒ》家《jiā》徒步《túbù》5分钟《wǔ fēnzhōng》的《de》地方《dìfang》有《yǒu》步行街《bùxíngjiē》，附近《fùjìn》还有《háiyǒu》两个《liǎng ge》大型《dàxíng》的《de》连锁《liánsuǒ》超市《chāoshì》和《hé》健身房《jiànshēnfáng》，总之《zǒngzhī》买东西《mǎi dōngxi》和《hé》吃饭《chī fàn》特别《tèbié》方便《fāngbiàn》[3]。不过《Búguò》这《zhè》附近《fùjìn》人《rén》也《yě》很多《hěn duō》，有时候《yǒushíhou》有点吵《yǒudiǎn chǎo》。

友達●家のあたりの家賃は高い？ 近所の環境はどうですか？

高橋●今住んでるマンションは、$30m^2$の1LDKで、家賃は月12万円。安くはないけど、高くもない。家から徒歩5分のところに商店街の歩行者天国があるし、近くに2つのチェーンのスーパーとジムもあるから、買い物や食事はすごく便利だよ。ただ、この辺りは人が多くて、ちょっとうるさい時もあるけどね。

単語

音声96

房租《fángzū》	贵《guì》	环境《huánjìng》	一室一厅《yì shì yì tīng》	平米《píngmǐ》	徒步《túbù》
家賃	高い	環境	1LDK	平方メートル	歩いて

步行街《bùxíngjiē》	连锁《liánsuǒ》	超市《chāoshì》	健身房《jiànshēnfáng》	总之《zǒngzhī》	方便《fāngbiàn》	吵《chǎo》
商店街の歩行者天国	チェーン	スーパー	ジム	とにかく	便利である	うるさい

構文・フレーズ

音声97

「〜でもなく〜でもない」は、「不……也不……」を。

本文1 不《Bù》便宜《piányi》也《yě》不《bú》算《suàn》贵《guì》。

例文 这次《Zhècì》考试《kǎoshì》的《de》成绩《chéngjì》不《bù》好《hǎo》也《yě》不《bú》坏《huài》。

今回のテストの点数は良くも悪くもありません。

「〜と言える」は、「算(是)……」を。

本文2 不《Bù》便宜《piányi》也《yě》不《bú》算《suàn》贵《guì》。

例文 他《Tā》年薪《niánxīn》100《yìbǎi》万《wàn》人民币《rénmínbì》，算是《suànshì》精英《jīngyīng》吧《ba》。

彼の年収は100万元なので、エリートと言えるでしょう。

「とにかく」は、「总之」を。

本文3 总之《Zǒngzhī》买《mǎi》东西《dōngxi》和《hé》吃《chī》饭《fàn》特别《tèbié》方便《fāngbiàn》。

例文 我《Wǒ》最近《zuìjìn》又《yòu》搬家《bānjiā》又《yòu》要《yào》准备《zhǔnbèi》考试《kǎoshì》，
总之《zǒngzhī》就是《jiùshì》很《hěn》忙《máng》。

最近引っ越しして、試験の準備もしなければいけないので、
とにかく忙しいです。

音声98 使える表現

Xīnsù zhàn fùjin zhùqilái zěnmeyàng?
新宿站附近住起来怎么样？
新宿駅近くに住んでみて、どうですか？

Zhè fùjìn zhùqilái hěn fāngbiàn.
这附近住起来很方便。
この辺に住んでみると、とても便利です。

Tā zuìjìn mǎile xīn fángzi.
他最近买了新房子。
彼は最近新しい家を買いました。

Wǒ bù dǎsuàn mǎi fáng, zū fáng jiù hǎo le.
我不打算买房，租房就好了。
家を買うつもりはなく、部屋を借りればいいと思っています。

Nǐ xǐhuan zhù lóufáng háishi dúdòng de biéshù?
你喜欢住楼房还是独栋的别墅？
マンションに住むのが好きですか、それとも一戸建てですか？

Nǐ jiā zhōuwéi yǒu biànlìdiàn ma?
你家周围有便利店吗？
あなたの家の近くにコンビニはありますか？

Tā jiā gébì jiùshì yīyuàn.
他家隔壁就是医院。
彼の家の隣は病院です。

Wǒ de línjū yě shì wǒmen gōngsī de.
我的邻居也是我们公司的。
私の隣人も、同じ会社の人です。

関連単語

音声99

		楼道《lóudào》 廊下	电梯《diàntī》 エレベーター	扶梯《fútī》 エスカレーター
楼梯《lóutī》 階段	安全出口《ānquán chūkǒu》 非常口	小区《xiǎoqū》 団地	步道《bùdào》 歩道	院子《yuànzi》 中庭
大厅《dàtīng》 ホール	门禁《ménjìn》 入り口の警備	公园《gōngyuán》 公園	商场《shāngchǎng》 ショッピングモール	
广场《guǎngchǎng》 広場	医院《yīyuàn》 病院	诊所《zhěnsuǒ》 診療所	电影院《diànyǐngyuàn》 映画館	剧场《jùchǎng》 劇場
浴场《yùchǎng》 銭湯	餐馆《cānguǎn》 レストラン	邮局《yóujú》 郵便局	便利店《biànlìdiàn》 コンビニ	酒店《jiǔdiàn》 ホテル
体育馆《tǐyùguǎn》 スタジアム	博物馆《bówùguǎn》 博物館	图书馆《túshūguǎn》 図書館	美术馆《měishùguǎn》 美術館	动物园《dòngwùyuán》 動物園
水族馆《shuǐzúguǎn》 水族館	游乐场《yóulèchǎng》 遊園地	电玩城《diànwánchéng》 ゲームセンター		地下街《dìxiàjiē》 地下街
美食街《měishíjiē》 飲食街	市政府《shìzhèngfǔ》 市役所	警察局《jǐngchájú》 警察署	岗亭《gǎngtíng》 交番	税务局《shuìwùjú》 国税局

自己紹介 1
家族紹介 2
出身地紹介 3
学歴 4
中国語を勉強する理由 5
恋愛事情 6
好きなタイプ 7
お茶 8
お酒 9
伝統衣装 10
食生活 11
日本料理 12
中国料理 13

関連単語

音声100

采光《cǎiguāng》 日当たり	通风《tōngfēng》 風通し	朝向《cháoxiàng》 向き	安静《ānjìng》 閑静な
嘈杂《cáozá》 騒がしい	隔音《géyīn》 防音	阴暗《yīn'àn》 薄暗い	潮湿《cháoshī》 湿っぽい
绿化《lǜhuà》 緑化	江景《jiāngjǐng》 リバービュー	海景《hǎijǐng》 オーシャンビュー	健身房《jiànshēnfáng》 ジム
洗衣房《xǐyīfáng》 ランドリー	垃圾站《lājīzhàn》 ゴミ置き場	快递站《kuàidìzhàn》 配達スポット	

中国と日本では、部屋の賃貸や購入で異なることが多いです。中国で家を借りると通常、家具や家電が付いています。中国は広大なので、人の移動範囲も広すぎます。部屋を借りるたびに家具や家電を自分で購入していると、引っ越し代がとてつもなく高くつきます。一方、新築の家を買う場合、通常、家の中はコンクリートむき出し状態で、内装や家具はなく、自分で内装業者を探さなければいけません。ですから、どの部屋も個性的で、スタイルもいろいろです。

「とにかく」と言いたい

音声 101

「总之」で。

他《Tā》不仅《bùjǐn》年轻《niánqīng》而且《érqiě》能力《nénglì》强《qiáng》，
总之《zǒngzhī》就是《jiùshi》很《hěn》优秀《yōuxiù》。

彼は若いだけでなく、能力もあって、とにかく非常に優秀です。

「反正」で。

不管《Bùguǎn》你《nǐ》怎么《zěnme》说《shuō》，反正《fǎnzhèng》我《wǒ》只《zhǐ》听《tīng》老板《lǎobǎn》的《de》。

あなたがなんと言っても、私はとにかく上司の言うことだけ聞きます。

「无论如何」で。

无论《Wúlùn》如何《rúhé》你《nǐ》开心《kāixīn》就《jiù》好《hǎo》！

とにかくあなたがうれしいなら、それでいいです！

「不管怎样」で。

不管《Bùguǎn》怎样《zěnyàng》都《dōu》是《shi》他《tā》的《de》问题《wènti》。

いずれにしても彼の問題です。

通勤 76 通勤《Tōngqín》

音読 ✓ ✓ ✓ ✓ ✓　実践 ✓ ✓ ✓ ✓ ✓

音声102

朋友●你《Nǐ》家《jiā》到《dào》公司《gōngsī》要《yào》多久《duōjiǔ》？ 每天《Měitiān》开车《kāichē》去《qù》上班《shàngbān》吗《ma》？

高桥●我《Wǒ》每天《měitiān》都《dōu》挤《jǐ》地铁《dìtiě》上班《shàngbān》。从《Cóng》我《wǒ》家《jiā》到《dào》最近《zuìjìn》的《de》地铁站《dìtiězhàn》要《yào》走《zǒu》10《shí》分钟《fēnzhōng》，然后《ránhòu》坐《zuò》30《sānshí》分钟《fēnzhōng》地铁《dìtiě》到《dào》公司《gōngsī》。去《Qù》工作《gōngzuò》最好《zuìhǎo》还是《háishi》坐《zuò》公共《gōnggòng》交通《jiāotōng》工具《gōngjù》，[1]比较《bǐjiào》好《hǎo》掌握《zhǎngwò》时间《shíjiān》。[2]开车《Kāichē》的《de》话《huà》万一《wànyī》半路《bànlù》堵车《dǔchē》就《jiù》麻烦《máfan》了《le》，[3]而且《érqiě》东京《Dōngjīng》的《de》停车费《tíngchēfèi》也《yě》很《hěn》吓人《xiàrén》。

友達●家から会社までどのくらいかかるの？ 通勤は毎日車？

高橋●毎日ぎゅうぎゅう詰めの地下鉄で通ってるの。家から最寄り駅まで歩いて10分で、そこから地下鉄で会社までは30分。通勤に一番いいのはやっぱり公共交通機関。時間が読みやすいからね。車だと万一途中で渋滞すると困るし、東京の駐車場代も驚愕だしね。

単語

音声103

公司《gōngsī》	开车《kāichē》	上班《shàngbān》	挤《jǐ》	地铁《dìtiě》	公共《gōnggòng》
会社	車を運転する	通勤する	押し合う	地下鉄	公共の

交通《jiāotōng》工具《gōngjù》	掌握《zhǎngwò》	万一《wànyī》	堵车《dǔchē》	麻烦《máfan》	停车费《tíngchēfèi》	吓人《xiàrén》
交通機関	把握する	万が一	交通渋滞	面倒	駐車料金	恐ろしい

構文・フレーズ

音声104

「～した方がいい」は、「最好还是……」で。

本文1
去《Qù》工作《gōngzuò》最好《zuìhǎo》还是《háishi》坐《zuò》公共《gōnggòng》交通《jiāotōng》工具《gōngjù》。

例文
下午《Xiàwǔ》好像《hǎoxiàng》会《huì》下雨《xiàyǔ》，
出门《chūmén》最好《zuìhǎo》还是《háishi》带《dài》把《bǎ》伞《sǎn》。
午後は雨が降るようなので、
外出するなら傘を持って行った方がいいです。

「～しやすい」は、「好＋動詞」で。

本文2
比较《Bǐjiào》好《hǎo》掌握《zhǎngwò》时间《shíjiān》。

例文
这《Zhè》双《shuāng》鞋《xié》很《hěn》好《hǎo》走路《zǒulù》。
この靴は歩きやすいです。

「万が一～だったら～」は、「万一……就……」で。

本文3
开车《Kāichē》的话《de huà》万一《wànyī》半路《bànlù》堵车《dǔchē》就《jiù》麻烦《máfan》了《le》。

例文
万一《Wànyī》他《tā》生病了《shēngbìng le》，就《jiù》安排《ānpái》其他《qítā》人《rén》吧《ba》。
万が一彼が病気になったら、ほかの人を手配してください。

14 住まい
15 生活環境
16 通勤
17 海外旅行
18 暇な時
19 趣味
20 仕事
21 ペット
22 家の購入
23 結婚式
24 病気
25 うわさ話

音声105 使える表現

我《Wǒ》家《jiā》到《dào》公司《gōngsī》走路《zǒulù》的《de》话《huà》10《shí》分钟《fēnzhōng》。

私の家から会社まで歩いて10分です。

他《Tā》每天《měitiān》自己《zìjǐ》开车《kāichē》去《qù》上班《shàngbān》。

彼は毎日自分で車で通勤しています。

这《Zhè》条《tiáo》路《lù》有点《yǒudiǎn》堵车《dǔchē》，我们《wǒmen》换《huàn》条《tiáo》路《lù》吧《ba》。

この道は混んでいるので、別の道で行きましょう。

你《Nǐ》上班《shàngbān》是《shì》坐《zuò》公交车《gōngjiāochē》还是《háishi》地铁《dìtiě》？

会社に、バスで行きますか、地下鉄ですか？

今天《Jīntiān》加班《jiābān》到《dào》很《hěn》晚《wǎn》，只能《zhǐnéng》打车《dǎchē》回家《huíjiā》了《le》。

今日は遅くまで残業したので、タクシーで帰宅しなければいけませんでした。

因为《Yīnwèi》电车《diànchē》晚点《wǎndiǎn》了《le》，所以《suǒyǐ》迟到《chídào》了《le》。

電車が遅れたので、遅刻しました。

这里《Zhèli》不《bù》能《néng》随便《suíbiàn》停车《tíngchē》，会《huì》被《bèi》贴《tiē》罚单《fádān》。

ここは勝手に駐車できません。切符を切られます。

我《Wǒ》每天《měitiān》去《qù》公司《gōngsī》交通《jiāotōng》要《yào》花《huā》1《yí》个《ge》小时《xiǎoshí》。

通勤に毎日1時間かかります。

関連単語

音声106

乗り物→

- 汽车《qìchē》 自動車
- 电动车《diàndòngchē》 電気自動車
- 跑车《pǎochē》 スポーツカー
- 公交车《gōngjiāochē》 バス
- 巴士《bāshì》 バス
- 地铁《dìtiě》 地下鉄
- 轻轨《qīngguǐ》 ライトレール
- 出租车《chūzūchē》 タクシー
- 火车《huǒchē》 列車、電車
- 高铁《gāotiě》 高速鉄道
- 动车《dòngchē》 特急列車
- 自行车《zìxíngchē》 自転車
- 共享 单车《gòngxiǎng dānchē》 シェアサイクル
- 电瓶车《diànpíngchē》 電動バイク
- 摩托车《mótuōchē》 オートバイ
- 飞机《fēijī》 飛行機
- 直升机《zhíshēngjī》 ヘリコプター
- 轮船《lúnchuán》 船
- 游艇《yóutǐng》 ヨット、遊覧船

中国では自動車や自転車のシェアサービスが普及しています。従来のタクシーに比べ、アプリを使ってライドシェアする方が安いので、使う人が多いです。車を持っている人は、オンライン配車サイトに自分の情報を登録すれば、いつでも仕事が受けられます。オンライン配車の運転手には、専業でしている人もいれば、副業の人もいます。シェアサイクルも交通手段として根付いています。徒歩30分圏内なら、多くの人がシェアサイクルを使います。

関連単語

音声107

交通関連

- 骑车《qíchē》 — 自転車に乗る
- 开车《kāichē》 — ドライブする
- 坐车《zuòchē》 — 車に乗る
- 乘车《chéngchē》 — 乗車する
- 司机《sījī》 — 運転手
- 乘客《chéngkè》 — 乗客
- 打车《dǎchē》 — タクシーに乗る
- 车票《chēpiào》 — 乗車券
- 取票《qǔpiào》 — チケットを受け取る
- 交通卡《jiāotōngkǎ》 — 交通カード
- 刷卡《shuākǎ》 — クレジットカード
- 扫码《sǎomǎ》 — QRコードを読み込む
- 闸机口《zhájīkǒu》 — 改札
- 安检《ānjiǎn》 — セキュリティーチェック
- 始发《shǐfā》 — 始発
- 终点《zhōngdiǎn》 — 終点
- 换乘《huànchéng》 — 乗り換え
- 托运《tuōyùn》 — 手荷物預かり
- 登机口《dēngjīkǒu》 — 搭乗口
- 机票《jīpiào》 — 航空券
- 行李《xíngli》 — 荷物

「困る」と言いたい

音声108

「完了」で。

完了《Wán le,》，今天《jīntiān》忘记《wàngjì》带《dài》钱包《qiánbāo》了《le.》。

終わった。今日、財布を持ってくるのを忘れてしまった。

「麻烦了」で。

等《Děng》一下《yíxià》要是《yàoshi》手机《shǒujī》没《méi》电《diàn》就《jiù》麻烦《máfan》了《le.》。

あとでスマホのバッテリーがなくなったら面倒ですよ。

「糟了（糟糕了）」で。

糟了《Zāo le,》，老师《lǎoshī》是《shì》不《bu》是《shì》听到《tīngdào》我们《wǒmen》讲《jiǎng》他《tā》坏话《huàihuà》了《le?》？

しまった。私たちが悪口言っているの、先生に聞こえたんじゃない？

「不好了」で。

不好了《Bù hǎo le,》，妈妈《māma》发现《fāxiàn》我《wǒ》偷偷《tōutōu》出去《chūqù》玩《wán》了《le.》。

ダメだ。こっそり遊びに行ったこと、母さんに見つかった。

「让人头疼」で。

最近《Zuìjìn》我《wǒ》家《jiā》门口《ménkǒu》总《zǒng》有《yǒu》人《rén》乱《luàn》丢《diū》垃圾《lājī,》，
真《zhēn》让《ràng》人《rén》头疼《tóuténg.》。

最近、家の前によくゴミを散らかす人がいて、本当に困っています。

「无语」で。

他《Tā》每次《měicì》都《dōu》突然《tūrán》爽约《shuǎngyuē,》，真的《zhēnde》很《hěn》无语《wúyǔ.》。

彼はいつもドタキャンするので困って言葉を失う。

14 住まい
15 生活環境
16 通勤
17 海外旅行
18 暇な時
19 趣味
20 仕事
21 ペット
22 家の購入
23 結婚式
24 病気
25 うわさ話

海外旅行 17 外出《Wàichū》旅行《lǚxing》

音読 ✓ ✓ ✓ ✓ ✓

実践 ✓ ✓ ✓ ✓ ✓

音声 109

朋友●我《Wǒ》明年《míngnián》想《xiǎng》来《lái》日本《Rìběn》旅游《lǚyóu》，有《yǒu》什么《shénme》好玩《hǎowán》的《de》地方《dìfang》推荐《tuījiàn》吗《ma》？[1]

山田●哇《Wā》，欢迎《huānyíng》来《lái》日本《Rìběn》！好玩《Hǎowán》的《de》地方《dìfang》可《kě》太《tài》多《duō》啦《la》！[2] 如果《Rúguǒ》你《nǐ》第一《dì-yī》次《cì》来《lái》日本《Rìběn》的《de》话《huà》，东京《Dōngjīng》或者《huòzhě》京都《Jīngdū》、大阪《Dàbǎn》都《dōu》是《shì》不错《búcuò》的《de》选择《xuǎnzé》。因为《Yīnwèi》外国《wàiguó》游客《yóukè》来《lái》的《de》比较《bǐjiào》多《duō》，所以《suǒyǐ》很《hěn》多《duō》地方《dìfang》都《dōu》会《huì》有《yǒu》中文《Zhōngwén》服务《fúwù》。你《Nǐ》喜欢《xǐhuan》自然《zìrán》风景《fēngjǐng》的《de》话《huà》，[3] 北海道《Běihǎidào》或者《huòzhě》冲绳《Chōngshéng》都《dōu》很《hěn》赞《zàn》哦《o》！

友達●来年日本に旅行に行きたいんだけど、おすすめ面白いスポットはある？

山田●うわ～、いらっしゃい！ 面白いスポットはたっくさんあるよ！ 日本が初めてなら、東京か京都や大阪もいい選択だと思う。外国人観光客が多いから、大体の場所で中国語サービスがあるんだ。自然の風景が好きなら、北海道か沖縄もいいね！

単語

音声110

推荐《tuījiàn》	おすすめ
可《kě》	本当に(強調を表す)
不错《búcuò》	良い
选择《xuǎnzé》	選択
游客《yóukè》	観光客
服务《fúwù》	サービス
自然《zìrán》	自然
风景《fēngjǐng》	風景
赞《zàn》	いいね

構文・フレーズ

音声111

「何か～があるか？」は、「有什么……吗？」を。

本文1 有《Yǒu》什么《shénme》好玩《hǎowán》的《de》地方《dìfang》推荐《tuījiàn》吗《ma》？

例文 你《Nǐ》有《yǒu》什么《shénme》想问《xiǎngwèn》的《de》吗《ma》？

何か質問がありますか？

「とても～だ」は、「可＋形容詞＋啦/了」を。

本文2 好玩《Hǎowán》的《de》地方《dìfang》可《kě》太《tài》多《duō》啦《la》！

例文 这个《Zhège》老师《lǎoshī》教《jiāo》的《de》方法《fāngfǎ》可《kě》厉害《lìhai》了《le》！

この先生の教え方は、すばらしいです！

「～ならば～/～たら～」は、「……的话……」を。

本文3 你《Nǐ》喜欢《xǐhuan》自然《zìrán》风景《fēngjǐng》的话《de huà》，

例文 他《Tā》不《bù》想《xiǎng》去《qù》的话《de huà》，我们《wǒmen》就《jiù》叫《jiào》别人《biéren》吧《ba》。

彼が行きたくないなら、ほかの人に声を掛けましょう。

使える表現

音声112

你《Nǐ》去过《qùguo》哪些《nǎxiē》地方《dìfang》旅游《lǚyóu》？

どこに旅行したことがありますか？

有《Yǒu》什么《shénme》推荐《tuījiàn》的《de》菜《cài》吗《ma》？

おすすめの料理はありますか？

我《Wǒ》旅游《lǚyóu》去过《qùguo》北京《Běijīng》和《hé》上海《Shànghǎi》。

北京と上海に旅行したことがあります。

中国《Zhōngguó》游客《yóukè》喜欢《xǐhuan》哪些《nǎxiē》景点《jǐngdiǎn》？

中国人観光客が好きな観光スポットはどこですか？

我《Wǒ》可以《kěyǐ》带《dài》你们《nǐmen》去《qù》玩《wán》。

遊びに連れて行ってあげようか。

来《Lái》日本《Rìběn》的《de》话《huà》联系《liánxì》我《wǒ》呀《ya》。

日本に来る時は連絡してください。

这里《Zhèli》的《de》风景《fēngjǐng》太《tài》美《měi》啦《la》。

ここの景色はとてもきれいです。

我《Wǒ》想《xiǎng》去《qù》夜景《yèjǐng》漂亮《piàoliang》的《de》地方《dìfang》。

夜景のきれいな場所に行きたいです。

関連単語

音声113

旅行関連 →

			自由行《ziyóuxing》	跟团旅游《gēntuán lǚyóu》
			個人旅行	団体旅行
游客《yóukè》	导游《dǎoyóu》	单程《dānchéng》	往返《wǎngfǎn》	旅行社《lǚxingshè》
観光客	ガイド	片道	往復	旅行会社
航空公司《hángkōng gōngsī》	签证《qiānzhèng》	护照《hùzhào》	证件《zhèngjiàn》	身份证《shēnfènzhèng》
航空会社	ビザ	パスポート	証書	IDカード
海关《hǎiguān》	世界遗产《shìjiè yichǎn》	景区《jǐngqū》	门票《ménpiào》	检票《jiǎnpiào》
税関	世界遺産	景勝地	切符	検札
行程《xingchéng》	路线《lùxiàn》	参观《cānguān》	遗址《yizhǐ》	景色《jǐngsè》
旅程	ルート	見学する	遺跡	景色

ほとんどの中国人観光客が初めて日本を訪れると、カルチャーショックをたくさん経験するでしょう。例えば、日本ではレストランで季節を問わず氷入りのお水が出たり、電車では電話に出る人がいなかったり、路上にゴミ箱がほとんどなかったり、などです。逆に日本人も中国に行くと大きなカルチャーショックを受けるでしょう。旅行に行く前に、事前にその国の習慣を学び、郷に入っては郷に従いましょう。

関連単語 音声114

宿泊関連

酒店《jiǔdiàn》	(大きな)ホテル
旅馆《lǚguǎn》	(小さめの)ホテル
民宿《mínsù》	民泊
青旅《qīnglǚ》	ユースホステル
预约《yùyuē》	予約
入住《rùzhù》	チェックイン
前台《qiántái》	フロント
大厅《dàtīng》	ホール
退房《tuìfáng》	チェックアウト
单人间《dānrénjiān》	シングルルーム
标准间《biāozhǔnjiān》	スタンダードルーム
大床房《dàchuángfáng》	キングベッドルーム
套房《tàofáng》	スイートルーム
接机《jiējī》	空港に出迎える
送机《sòngjī》	空港まで送る
贵重《guìzhòng》物品《wùpǐn》	貴重品
寄存《jìcún》行李《xíngli》	荷物を預ける

「啦」でニュアンスを伝えたい

音声115

文末に置いて話者の気持ちを表す「啦」は話し言葉でよく使います。

完成・変化を表す。

＊語気助詞の「了」と使い方は同じですが、よりカジュアルな感じになります。

工作《Gōngzuò》做完《zuòwán》啦《la》。

仕事は終わりましたよ。

今天《Jīntiān》出《chū》太阳《tàiyáng》啦《la》。

今日は太陽が出ていますよ。

命令を表す。

走啦《Zǒu la》！ 快点啦《Kuàidiǎn la》！

行くよ！ 早くしてよ！

強調を表す。

我《Wǒ》都《dōu》说了《shuōle》不《bú》是《shì》我《wǒ》啦《la》！

私じゃないって言ったでしょ！

我《Wǒ》现在《xiànzài》不《bù》想《xiǎng》去《qù》啦《la》！

今は行きたくないの！

感嘆・驚きを表す。

你《Nǐ》今天《jīntiān》真是《zhēnshi》太《tài》美《měi》啦《la》！

今日はすごくきれいだね！

我《Wǒ》的《de》彩票《cǎipiào》 中奖《zhòngjiǎng》 啦《la》！

宝くじが当たりましたよ！

中国語の感嘆詞・語気助詞はとてもたくさんあります。
使いこなすとネイティブっぽく聞こえます。
中国人の日常会話をたくさん聞くことで、
ニュアンスを自然に身につけていくのがいいと思います。

暇な時 18 闲暇《Xiánxiá》时间《shíjiān》

音読 ✓ ✓ ✓ ✓ ✓　実践 ✓ ✓ ✓ ✓ ✓

音声116

朋友●你《Nǐ》周末《zhōumò》或者《huòzhě》放假《fàngjià》一般《yìbān》喜欢《xǐhuan》做《zuò》什么《shénme》呢《ne》？

高桥●我《Wǒ》比较《bǐjiào》宅《zhái》，周末《zhōumò》或者《huòzhě》休息《xiūxi》的《de》时间《shíjiān》喜欢《xǐhuan》呆《dāi》在《zài》家《jiā》里《li》。看看《Kànkan》电视《diànshì》，读读书《dúdushū》，[1] 打扫《dǎsǎo》房间《fángjiān》做做《zuòzuo》家务《jiāwù》什么《shénme》的《de》。[2] 有时候《Yǒushíhou》会《huì》跟《gēn》朋友《péngyou》约《yuē》一起《yìqǐ》去《qù》看《kàn》电影《diànyǐng》，或是《huòshì》逛街《guàngjiē》买《mǎi》衣服《yīfu》。我《Wǒ》可能《kěnéng》有点《yǒudiǎn》社恐《shèkǒng》，人《rén》多《duō》的《de》聚会《jùhuì》或者《huòzhě》夜店《yèdiàn》蹦迪《bèngdí》这些《zhèxiē》都《dōu》不《bú》大《dà》喜欢《xǐhuan》。[3]

友達●週末やお休みはいつも何をするのが好き？

高橋●私はどちらかというとインドア系で、週末やお休みは家でぼ〜っとするのが好き。テレビを見たり、本を読んだり、部屋を掃除や家事をしたり。時々、友達と映画に行ったり、街をぶらぶらして洋服を買いに行ったりします。ちょっとコミュ障なのかも。人がたくさんいるパーティーやクラブで踊ったりするのは、あんまり好きじゃないの。

単語

音声117

闲暇《xiánxiá》	周末《zhōumò》	放假《fàngjià》	宅《zhái》	休息《xiūxi》	呆《dāi》
余暇	週末	休みに入る	おたく、家にいる	休み	ぼーっとする、ずっといる

打扫《dǎsǎo》	家务《jiāwù》	约《yuē》	逛街《guàngjiē》	社恐《shèkǒng》	聚会《jùhuì》	蹦迪《bèngdí》
掃除する	家事	約束する	街をぶらつく	コミュ障	パーティー	クラブで踊る

構文・フレーズ

音声118

「～したり、～したりする」は、「動詞×2＋名詞、動詞×2＋名詞……」を。

本文1 看看《Kànkan》电视《diànshì》，读读书《dúdushū》，

例文 我《Wǒ》每周《měizhōu》会《huì》回家《huíjiā》陪《péi》妈妈《māma》聊聊天《liáoliáotiān》，逛逛街《guàngguàngjiē》。

私は毎週家に帰って母とおしゃべりしたり、
街をぶらぶらしたりします。

「～など」は、「……什么的」を。

本文2 打扫《Dǎsǎo》房间《fángjiān》做做《zuòzuo》家务《jiāwù》什么的《shénme de》。

例文 他的《Tā de》店《diàn》主要《zhǔyào》卖《mài》一些《yìxiē》帽子《màozi》、袜子《wàzi》、
腰带《yāodài》什么的《shénme de》。

彼の店では主に帽子、靴下、ベルトなどを売っています。

「不大……」は「不太……」と同じ「あまり～ない」の意味ですが、
より話し言葉です。

本文3 人《Rén》多《duō》的《de》聚会《jùhuì》或者《huòzhě》夜店《yèdiàn》蹦迪《bèngdí》这些《zhèxiē》都《dōu》不《bú》大《dà》喜欢《xǐhuan》。

例文 你《Nǐ》和《hé》别人《biéren》约《yuē》好《hǎo》又《yòu》突然《tūrán》不《bú》去《qù》，这样《zhèyàng》不《bú》大《dà》好《hǎo》。

人と約束しておいてドタキャンするのは、あまりよくありません。

使える表現

音声119

我《Wǒ》休息日《xiūxirì》就《jiù》喜欢《xǐhuan》宅《zhái》在家《zàijiā》。
休みの日は、家にいるのが好きです。

他《Tā》一点《yìdiǎn》也《yě》不《bù》宅《zhái》，很《hěn》喜欢《xǐhuan》出去《chūqù》玩《wán》。
彼はちっとも家にいません、外で遊ぶのが好きです。

我《Wǒ》周末《zhōumò》喜欢《xǐhuan》约《yuē》朋友《péngyou》去《qù》钓钓《diàodiào》鱼《yú》，打打球《dǎdǎqiú》。
週末は、友達と釣りや野球に行くのが好きです。

下周《Xiàzhōu》一起《yìqǐ》去《qù》看《kàn》电影《diànyǐng》怎么样《zěnmeyàng》？
来週、一緒に映画に行きませんか?

他《Tā》这《zhè》个《ge》人《rén》非常《fēicháng》社牛《shèniú》。
彼はとても人付き合いが上手です。

我《Wǒ》老《lǎo》了《le》，现在《xiànzài》不《bù》喜欢《xǐhuan》去《qù》夜店《yèdiàn》蹦迪《bèngdí》。
年をとったので、今ではクラブに踊りに行きたくありません。

你《Nǐ》不《bú》去《qù》的《de》话《huà》我《wǒ》也《yě》不《bú》去《qù》了《le》，我《wǒ》社恐《shèkǒng》。
あなたが行かないなら私も行きません。コミュ障なので。

我《Wǒ》计划《jìhuà》放假《fàngjià》以后《yǐhòu》去《qù》中国《Zhōngguó》旅游《lǚyóu》。
休みになったら中国旅行に行く予定です。

関連単語 音声120

インドア系の趣味

读书《dúshū》 読書	看漫画《kàn mànhuà》 漫画を読む
健身《jiànshēn》 フィットネス	打扫卫生《dǎsǎo wèishēng》 掃除する
画画《huàhuà》 絵を描く	听音乐《tīng yīnyuè》 音楽を聞く
打游戏《dǎ yóuxì》 ゲームをする	做作业《zuò zuòyè》 宿題をする
做瑜伽《zuò yújiā》 ヨガをする	写书法《xiě shūfǎ》 書道をする

中国人と付き合う機会がある日本人は、中国人の距離感が日本人より近いと感じる人も多いでしょう。例えば、初対面で個人の連絡先を聞いたり、チャットで即座に返事をしたり、まだよく知らないのに家に誘ったりするからです。驚かないでください。これは、あなたに友好的な態度の表れです。

関連単語

音声121

インドア系の趣味

養花《yǎng huā》
花を育てる

弹琴《tán qín》
ピアノを弾く

玩乐器《wán yuèqì》
楽器を演奏する

做手工《zuò shǒugōng》
手仕事をする

做饭《zuòfàn》
料理

上网《shàngwǎng》
ネットを見る

刷短视频《shuā duǎnshìpín》
ショート動画を見る

看电影《kàn diànyǐng》
映画を見る

学外语《xué wàiyǔ》
外国語を学ぶ

养宠物《yǎng chǒngwù》
ペットを飼う

带小孩《dài xiǎohái》
子供の世話をする

人の性格の表現

音声122

内向《nèixiàng》 ↔ 外向《wàixiàng》
内向的 ↔ 外向的

恒生《pàshēng》 ↔ 自《zì》来《lái》熟《shú》
人見知り ↔ 打ち解けやすい

腼腆《miǎntiǎn》 ↔ 活泼《huópō》开朗《kāilǎng》
シャイ ↔ 明朗活発

沉默《chénmò》寡言《guǎyán》 ↔ 健谈《jiàntán》
無口 ↔ 話し好き

独《dú》来《lái》独《dú》往《wǎng》 ↔ 交际《jiāojì》草《cǎo》/花《huā》
他人と付き合わない ↔ 人付き合いが上手な（男性/女性）

自己紹介 1
家族紹介 2
出身地紹介 3
学歴 4
中国語を勉強する理由 5
恋愛事情 6
好きなタイプ 7
お茶 8
お酒 9
伝統衣装 10
食生活 11
日本料理 12
中国料理 13

趣味 19 兴趣《Xìngqu》爱好《àihào》

音読 ✓ ✓ ✓ ✓ ✓　実践 ✓ ✓ ✓ ✓ ✓

音声 123

朋友●你《Nǐ》有《yǒu》什么《shénme》爱好《àihào》吗《ma》？

山田●有《Yǒu》很《hěn》多《duō》啊《a》，像《xiàng》什么《shénme》爬山《páshān》呀《ya》、露营《lùyíng》呀《ya》、滑雪《huáxuě》呀《ya》、冲浪《chōnglàng》这些《zhèxiē》[1]，基本上《jīběnshang》所有《suǒyǒu》的《de》户外《hùwài》项目《xiàngmù》我《wǒ》都《dōu》喜欢《xǐhuan》！特别《Tèbié》是《shì》我《wǒ》去年《qùnián》刚《gāng》学会《xuéhuì》滑雪《huáxuě》，几乎《jīhū》每《měi》周末《zhōumò》都《dōu》会《huì》和《hé》朋友《péngyou》约《yuē》去《qù》滑雪《huáxuě》[2]，真的《zhēnde》太《tài》上头《shàngtóu》了《le》。不过《Bú guò》这些《zhèxiē》户外《hùwài》爱好《àihào》也《yě》挺《tǐng》烧钱《shāoqián》的《de》，我《wǒ》得《děi》多《duō》打工《dǎgōng》攒钱《zǎn qián》[3]。

友達●趣味は何？

山田●たくさんあるよ。山登りに、キャンプ、スキーに、サーフィン。基本的にあらゆるアウトドア的なものが好き！ 特に去年スキーができるようになったばかりだから、ほぼ毎週末、友達とスキーに行ってる。本当にハマってるんだ。でも、アウトドアの趣味もすごくお金がかかるから、もっとアルバイトしてお金を貯めなきゃ。

音声124

単語

爱好《àihào》	趣味
爬山《páshān》	山登り
露营《lùyíng》	キャンプ
滑雪《huáxuě》	スキー
冲浪《chōnglàng》	サーフィン
户外《hùwài》	アウトドア
项目《xiàngmù》	項目
上头《shàngtóu》	ハマる
烧钱《shāoqián》	お金をかける
打工《dǎgōng》	アルバイトをする
攒钱《zǎnqián》	お金を貯める

構文・フレーズ

音声125

「例えば、~や~や~など」は、「像什么……呀、……呀、……这些」を。

本文1 像《Xiàng》什么《shénme》爬山《páshān》啦《ya》、露营《lùyíng》啦《ya》、滑雪《huáxuě》啦《ya》、冲浪《chōnglàng》这些《zhèxiē》,

例文 像《Xiàng》什么《shénme》狮子《shīzi》呀《ya》、老虎《lǎohǔ》呀《ya》、豹子《bàozi》呀《ya》,
这些《zhèxiē》都《dōu》是《shì》凶猛《xiōngměng》的《de》肉食《ròushi》动物《dòngwù》。

例えば、ライオンや、トラや、ヒョウなど、
みんなどう猛な肉食動物です。

「ほとんどの~は(が)~する」は、「几乎……都……」を。

本文2 几乎《Jīhū》每《měi》周末《zhōumò》都《dōu》会《huì》和《hé》朋友《péngyou》约《yuē》去《qù》滑雪《huáxuě》。

例文 他《Tā》几乎《jīhū》每天《měitiān》都《dōu》会《huì》去《qù》喝酒《hē jiǔ》。

彼はほとんど毎日酒を飲みに行きます。

「しなければ~」は、「得……」を。

本文3 我《Wǒ》得《děi》多《duō》打工《dǎgōng》攒钱《zǎnqián》。

例文 这《Zhè》家《jiā》店《diàn》生意《shēngyi》很《hěn》好《hǎo》,得《děi》打《dǎ》电话《diànhuà》预约《yùyuē》一下《yíxià》。

あの店は人気なので、電話で予約しなければいけません。

音声126

使える表現

Nǐ xǐhuan hùwài yùndòng háishi zhái zài jiā?

你喜欢户外运动还是宅在家?

アウトドア派ですか、インドア派ですか?

Wǒ bǐjiào xǐhuan chūqù wán.

我比较喜欢出去玩。

私は外で遊ぶ方が好きです。

Tā hěn shàncháng huáxuě、 qiánshuǐ zhèxiē hùwài yùndòng.

他很擅长滑雪、潜水这些户外运动。

彼はスキーやダイビングなどのアウトドアスポーツが得意です。

Míngtiān tiānqì búcuò, yìqǐ qù páshān ba.

明天天气不错,一起去爬山吧。

明日は天気がいいので、一緒に登山に行きましょう。

Wǒ de péngyou jīhū dōu huì huáxuě.

我的朋友几乎都会滑雪。

友達はほとんどみんな、スキーができます。

Zhèli de hǎi hěn měi, hěn shìhé qiánshuǐ.

这里的海很美,很适合潜水。

ここの海はきれいで、ダイビングに向いています。

Zuìjìn wǒ duì lùyíng hěn shàngtóu.

最近我对露营很上头。

最近キャンプにハマってます。

Wǒ gōngzuò tài máng, méiyǒu shíjiān qù hùwài yùndòng.

我工作太忙,没有时间去户外运动。

仕事が忙しくて外で運動する時間がありません。

関連単語

音声127

アウトドア系の趣味

- 郊游《jiāoyóu》 ハイキング
- 野餐《yěcān》 ピクニック
- 骑行《qixing》 サイクリング
- 滑冰《huábīng》 スケート
- 游泳《yóuyǒng》 水泳
- 潜水《qiánshuǐ》 ダイビング
- 打《dǎ》高尔夫《gāo'ěrfū》 ゴルフをする
- 钓鱼《diàoyú》 釣り
- 滑《huá》滑板《huábǎn》 スケートボードをする
- 登山《dēngshān》 登山
- 跑《pǎo》马拉松《mǎlāsōng》 マラソンする
- 骑马《qimǎ》 乗馬
- 攀岩《pānyán》 ボルダリング
- 摄影《shèyǐng》 撮影
- 烧烤《shāokǎo》 バーベキュー
- 划船《huáchuán》 ボート遊び
- 漂流《piāoliú》 川下り
- 散步《sànbù》 散歩
- 打《dǎ》太极《tàiji》 太極拳をする
- 跳《tiào》 广场舞《guǎngchǎngwǔ》 広場でダンスをする

広場ダンスは中国で流行っている運動で、広場や公園で行われています。広場ダンスの参加者は中高年が多く、健康維持のため広場で踊っています。主催者がいて、通りすがりの人も参加できるので、広場ダンスは中高年層の社交の場にもなっています。今では、中国文化の一つとなりました。

お金に関する話がしたい

音声128

挣钱《zhèngqián》
働いて稼ぐ

赚钱《zhuànqián》
商売で稼ぐ

搞钱《gǎoqián》
いろいろな手段で稼ぐ
［若者言葉］
＊ポジティブなニュアンス

捞钱《lāoqián》
不正な手段で稼ぐ、楽して稼ぐ

圈钱《quānqián》
不正な手段でだまし取る
［金融関係で使われる］

存钱《cúnqián》

貯蓄する

攒钱《zǎnqián》

目的のためにお金をためる

花钱《huāqián》

お金を使う

烧钱《shāoqián》

お金をつぎこむ

砸钱《záqián》

一気に資金を投入する

14 住まい
15 生活環境
16 通勤
17 海外旅行
18 暇な時
19 趣味
20 仕事
21 ペット
22 家の購入
23 結婚式
24 病気
25 うわさ話

自己紹介 1
家族紹介 2
出身地紹介 3
学歴 4
中国語を勉強する理由 5
恋愛事情 6
好きなタイプ 7
お茶 8
お酒 9
伝統衣装 10
食生活 11
日本料理 12
中国料理 13

仕事 20 工作情况《Gōngzuò qíngkuàng》

音読 ✓ ✓ ✓ ✓ ✓　実践 ✓ ✓ ✓ ✓ ✓

音声 129

朋友●你《Nǐ》现在《xiànzài》是《shì》做《zuò》什么《shénme》工作《gōngzuò》的《de》呀《ya》？

高桥●我《Wǒ》现在《xiànzài》在《zài》一《yì》家《jiā》服装《fúzhuāng》品牌《pǐnpái》公司《gōngsī》做《zuò》市场《shìchǎng》营销《yíngxiāo》，主要《zhǔyào》负责《fùzé》海外《hǎiwài》市场《shìchǎng》。我们《Wǒmen》公司《gōngsī》的《de》品牌《pǐnpái》在《zài》中国《Zhōngguó》也《yě》有《yǒu》销售《xiāoshòu》，所以《suǒyǐ》平时《píngshí》会《huì》对接《duìjiē》一些《yìxiē》中国《Zhōngguó》客户《kèhù》，也《yě》会《huì》面向《miànxiàng》中国《Zhōngguó》做《zuò》一些《yìxiē》品牌《pǐnpái》推广《tuīguǎng》。[1]听说《Tīngshuō》最近《zuìjìn》中国《Zhōngguó》直播《zhíbō》带货《dàihuò》很《hěn》火《huǒ》，[2]我们《wǒmen》也《yě》想《xiǎng》找《zhǎo》一些《yìxiē》网红《wǎnghóng》帮《bāng》我们《wǒmen》做《zuò》宣传《xuānchuán》。[3]

友達●今の仕事は？

高橋●私は今、アパレルブランドの会社でマーケティングの仕事をしてて、主に海外市場を担当してるの。私の会社のブランドは中国でも販売してるから、普段中国のお客様とやりとりしたり、中国向けのブランドプロモーションの仕事もしてる。最近、中国はライブコマース（ライブ配信を活用した販売方法）が熱いと聞いたから、プロモーションを手伝ってくれるインフルエンサーを探してるんです。

単語 音声130

服装《fúzhuāng》	品牌《pǐnpái》	市场营销《shìchǎng yíngxiāo》	负责《fùzé》	
服	ブランド	マーケティング	担当する	
销售《xiāoshòu》	对接《duìjiē》	客户《kèhù》	火《huǒ》	网红《wǎnghóng》
営業	やりとりする	取引先	注目を集める	インフルエンサー
面向《miànxiàng》	推广《tuīguǎng》	直播《zhíbō》	带货《dàihuò》	宣传《xuānchuán》
～向け	プロモーション	ライブ配信	販売促進	宣伝

構文・フレーズ 音声131

「～もあれば～もある」は、「会……也会……」を。

本文1
所以《Suǒyǐ》平时《píngshí》会《huì》对接《duìjiē》一些《yìxiē》中国《Zhōngguó》客户《kèhù》，
也《yě》会《huì》面向《miànxiàng》中国《Zhōngguó》做《zuò》一些《yìxiē》品牌《pǐnpái》推广《tuīguǎng》。

例文
失恋《Shīliàn》以后《yǐhòu》我《wǒ》经常《jīngcháng》会《huì》哭《kū》，也《yě》会《huì》暴饮暴食《bào yǐn bào shí》。
失恋後は、よく泣いたり、やけ食いしたりします。

「～と聞いた」は、「听说……」を。

本文2
听说《Tīngshuō》最近《zuìjìn》中国《Zhōngguó》直播《zhíbō》带货《dàihuò》很《hěn》火《huǒ》。

例文
听说《Tīngshuō》他《tā》最近《zuìjìn》结婚《jiéhūn》了《le》。
彼が最近結婚したと聞きました。

「～の～を手伝う」は、「帮＋対象＋動詞」を。

本文3
我们《Wǒmen》也《yě》想《xiǎng》找《zhǎo》一些《yìxiē》网红《wǎnghóng》帮《bāng》我们《wǒmen》做《zuò》宣传《xuānchuán》。

例文
我《Wǒ》最近《zuìjìn》在《zài》帮《bāng》他《tā》找《zhǎo》房子《fángzi》。
最近、彼の部屋探しを手伝っています。

使える表現

音声132

你《Nǐ》的《de》工作《gōngzuò》内容《nèiróng》是《shì》什么《shénme》？

どんな仕事をしているのですか?

你《Nǐ》大概《dàgài》是《shì》从事《cóngshì》哪《nǎ》方面《fāngmiàn》工作《gōngzuò》的《de》呢《ne》？

だいたいどのような分野の仕事をされているのですか?

我《Wǒ》是《shì》从事《cóngshì》IT《IT》行业《hángyè》的《de》。

私はIT業界の仕事をしています。

他《Tā》是《shì》搞《gǎo》房地产《fángdìchǎn》的《de》。

彼は不動産に携わっています。

她《Tā》在《zài》世界《shìjiè》500《wǔbǎi》强《qiáng》企业《qǐyè》做《zuò》人事《rénshì》。

彼女はフォーチュン500に名を連ねる企業で人事の仕事をしています。

我《Wǒ》主要《zhǔyào》负责《fùzé》数据《shùjù》分析《fēnxī》。

主にデータ分析を担当しています。

我《Wǒ》最近《zuìjìn》想《xiǎng》跳槽《tiàocáo》了《le》。

最近、転職したいと思っています。

你们《Nǐmen》公司《gōngsī》薪资《xīnzī》待遇《dàiyù》怎么样《zěnmeyàng》？

会社の給与待遇はどのような感じでしょうか?

関連単語

音声133

職種 →

		医生《yīshēng》 医者	护士《hùshi》 看護師	教师《jiàoshī》 教師
公务员《gōngwùyuán》 公務員	工程师《gōngchéngshī》 技術者	程序员《chéngxùyuán》 エンジニア	律师《lǜshī》 弁護士	金融《jīnróng》 金融
会计《kuàijì》 経理	建筑师《jiànzhùshī》 建築家	设计师《shèjìshī》 デザイナー	作家《zuòjiā》 作家	演员《yǎnyuán》 俳優
自媒体《zìméitǐ》 セルフメディア		音乐人《yīnyuèrén》 音楽家	厨师《chúshī》 料理人	

企業文化は中国と日本で大きく異なります。中国で転職は、本当に普通のことです。特に民間企業やIT業界での若者の転職率は非常に高く、半年から3年ごとというのが一般的です。転職は昇進や昇給だけでなく、新しい会社で新しい知識を学ぶためと考える人も多いです。ただ、頻繁に人が入れ替わることは、会社の経営に一定の影響を与えているかもしれません。

自己紹介 1
家族紹介 2
出身地紹介 3
学歴 4
中国語を勉強する理由 5
恋愛事情 6
好きなタイプ 7
お茶 8
お酒 9
伝統衣装 10
食生活 11
日本料理 12
中国料理 13

関連単語 音声134

職位

老板《lǎobǎn》	オーナー
员工《yuángōng》	従業員
董事长《dǒngshizhǎng》	社長、会長
董事《dǒngshi》	取締役
总经理《zǒngjīnglǐ》	社長
经理《jīnglǐ》	マネジャー
人事《rénshi》	人事
财务《cáiwù》	財務
商务《shāngwù》	ビジネス
销售《xiāoshòu》	営業
运营《yùnyíng》	運営
客服《kèfú》	カスタマーサービス

ビジネスの場の決まり文句を使いたい

音声135

初対面のあいさつ

幸会幸会。《Xìnghuì xìnghuì.》
お目にかかれて光栄です。

名前を尋ねる

请问您贵姓？《Qǐngwèn nín guìxìng?》
お名前は何とおっしゃいますか？

名乗る

免贵《Miǎnguì》,姓杨《xìngYáng》,
名《míng》小溪《Xiǎoxī》。

名乗るほどの者ではありませんが、
姓は楊、名は小溪と
申します。

訪問の
意向を
伝える

改日《Gǎirì》
一定《yídìng》来《lái》贵《guì》公司《gōngsī》拜访《bàifǎng》。

後日必ず御社に
お邪魔させていただきます。

訪問への
期待を
伝える

恭候《Gōnghòu》各位《gèwèi》光临《guānglín》。

ご訪問を楽しみにしております。

中座する

对不起《Duìbuqǐ》,
我《wǒ》先《xiān》失陪《shīpéi》了《le》。

お相手できず
申し訳ありません、
お先に失礼します。

手土産を
渡す

一点《Yìdiǎn》心意《xīnyì》,请《qǐng》笑纳《xiàonà》。

ほんの気持ちですが、
ご笑納ください。

ペット 21 宠物《Chǒngwù》

音読 ✓ ✓ ✓ ✓ ✓　実践 ✓ ✓ ✓ ✓ ✓

音声136

朋友●你《Nǐ》家《jiā》有《yǒu》养《yǎng》宠物《chǒngwù》吗《ma》？

山田●我《Wǒ》现在《xiànzài》自己《zìjǐ》没有《méiyǒu》养《yǎng》，不过《búguò》我《wǒ》爸《bà》妈《mā》有《yǒu》养《yǎng》兔子《tùzi》。都说《Dōu shuō》兔子《tùzi》不《bú》像《xiàng》猫《māo》狗《gǒu》那么《nàme》聪明《cōngming》[1]，不《bú》太《tài》能《néng》听得懂《tīngdedǒng》人《rén》讲话《jiǎnghuà》。但《Dàn》我家《wǒjiā》那《nà》只《zhī》不仅《bùjǐn》能《néng》听懂《tīngdǒng》自己《zìjǐ》的《de》名字《míngzi》，还《hái》会《huì》听《tīng》指令《zhǐlìng》表演《biǎoyǎn》转圈圈《zhuànquānquān》和《hé》握手《wòshǒu》，而且《érqiě》会《huì》乖乖《guāiguāi》地《de》在《zài》固定《gùdìng》的《de》地方《dìfang》上《shàng》厕所《cèsuǒ》。我《Wǒ》怀疑《huáiyí》它《tā》快要《kuàiyào》成精《chéngjīng》了《le》。[2,3]

友達●ペットは飼ってる？

山田●今は自分では飼ってないけど、親はウサギを飼ってる。ウサギは犬や猫ほどは賢くなくて、人の言うこともあまり分からないんだって言われるけど、うちのは自分の名前が分かるし、指示するとぐるぐるまわったり、お手もできるんだ。それにお利口さんに決められた所でトイレだってできる。もうすぐ妖精になっちゃうかも。

単語

音声137

养《yǎng》
飼う

宠物《chǒngwù》
ペット

兔子《tùzi》
ウサギ

猫《māo》
猫

狗《gǒu》
犬

指令《zhǐlìng》
指示する

表演《biǎoyǎn》
やって見せる

转圈圈《zhuànquānquān》
ぐるぐるまわる

握手《wòshǒu》
お手をする

乖乖地《guāiguāi de》
お利口に

固定《gùdìng》
一定の

厕所《cèsuǒ》
トイレ

怀疑《huáiyí》
かもしれないと疑う

成精《chéngjīng》
妖精になる、化ける

構文・フレーズ

音声138

「～と言われる、みんなそう言う」は、「都说……」を。

本文1
都说《Dōu shuō》兔子《tùzi》不像《bú xiàng》猫狗《māo gǒu》那么《nàme》聪明《cōngming》，

例文
都说《Dōu shuō》四川《sìchuān》菜《cài》很《hěn》辣《là》，
其实《qíshí》也《yě》不《bù》完全《wánquán》是《shi》这样《zhèyàng》。
四川料理は辛いと言われますが、
実際はすべてがそういうわけでは
ありません。

「～じゃないかと思う」は、「我怀疑……」を。

本文2
我《Wǒ》怀疑《huáiyí》它《tā》快要《kuàiyào》成精《chéngjīng》了《le》。

例文
他《Tā》最近《zuìjìn》突然《tūrán》变得《biànde》很《hěn》有钱《yǒu qián》，
我《wǒ》怀疑《huáiyí》他《tā》是不是《shì bu shì》
中《zhòng》彩票《cǎipiào》了《le》。
最近彼が急に金回りがよくなったので、
宝くじでも当たったんじゃないかと
思います。

「もうすぐ～」は、「快要……」を。

本文3
我《Wǒ》怀疑《huáiyí》它《tā》快要《kuàiyào》成精《chéngjīng》了《le》。

例文
快要《Kuàiyào》下雨《xiàyǔ》了《le》，
我们《wǒmen》赶紧《gǎnjǐn》回家《huíjiā》吧《ba》。
雨が降りそうなので、早く家に帰りましょう。

使える表現

音声139

我《Wǒ》想《xiǎng》养《yǎng》一《yì》只《zhī》猫《māo.》。

猫が飼いたいです。

你《Nǐ》养过《yǎngguo》什么《shénme》宠物《chǒngwù》吗《ma?》？

どんなペットを飼ったことがありますか?

我《Wǒ》养过《yǎngguo》狗《gǒu》和《hé》兔子《tùzi.》。

私は犬とウサギを飼ったことがあります。

我家《Wǒjiā》的《de》猫咪《māomī》特别《tèbié》粘人《niánrén.》。

私の猫はとても甘えん坊です。

这《Zhè》只《zhī》狗狗《gǒugou》很《hěn》通《tōng》人性《rénxìng.》。

この犬は人間の気持ちがよく分かります。

我《Wǒ》住《zhù》的《de》公寓《gōngyù》不《bù》允许《yǔnxǔ》养《yǎng》宠物《chǒngwù.》。

私が住んでいるマンションはペット禁止です。

我《Wǒ》老婆《lǎopo》有《yǒu》洁癖《jiépǐ,》，不《bú》让《ràng》我《wǒ》养《yǎng》宠物《chǒngwù.》。

妻は潔癖症なので、ペットを飼わせてくれません。

我《Wǒ》工作《gōngzuò》太《tài》忙《máng,》，没《méi》时间《shíjiān》照顾《zhàogù》小《xiǎo》动物《dòngwù.》。

仕事が忙しすぎて小動物の世話はできません。

関連単語 音声140

ペット

- 龙猫《lóng māo》 チンチラ
- 鹦鹉《yīngwǔ》 オウム、インコ
- 刺猬《cìwei》 ハリネズミ
- 仓鼠《cāngshǔ》 ハムスター
- 豚鼠《túnshǔ》 モルモット
- 金鱼《jīnyú》 金魚
- 乌龟《wūguī》 クサガメ
- 水獭《shuǐtǎ》 カワウソ
- 蛇《shé》 蛇
- 独角仙《dújiǎoxiān》 カブトムシ

品種

- 贵宾犬《guìbīnquǎn》 プードル
- 吉娃娃《jíwáwa》 チワワ
- 柴犬《cháiquǎn》 柴犬
- 博美《bóměi》 ポメラニアン
- 腊肠犬《làchángquǎn》 ダックスフント
- 柯基《kējī》 コーギー
- 约克夏《yuēkèxià》 ヨークシャーテリア
- 马尔济斯《mǎ'ěrjìsī》 マルチーズ
- 京巴《jīngbā》 ペキニーズ
- 折耳猫《zhé'ěrmāo》 スコティッシュフォールド
- 曼基康《mànjīkāng》 マンチカン
- 美短《měiduǎn》 アメリカン・ショートヘア
- 英短《yīngduǎn》 ブリティッシュ・ショートヘア
- 布偶猫《bù'ǒumāo》 猫のぬいぐるみ
- 侏儒兔《zhūrútù》 ネザーランド・ドワーフ
- 垂耳兔《chuí'ěrtù》 ロップイヤー・ラビット

自己紹介 1
家族紹介 2
出身地紹介 3
学歴 4
中国語を勉強する理由 5
恋愛事情 6
好きなタイプ 7
お茶 8
お酒 9
伝統衣装 10
食生活 11
日本料理 12
中国料理 13

関連単語

音声141

ペットを飼う

喂食《wèishi》	餌をやる
猫粮《māoliáng》	キャットフード
狗粮《gǒuliáng》	ドッグフード
遛狗《liùgǒu》	犬を散歩させる
逗猫《dòumāo》	猫と遊ぶ
猫砂《māoshā》	猫砂
玩具《wánjù》	おもちゃ
零食《língshi》	おやつ
宠物美容院《chǒngwù měiróngyuàn》	ペットの美容院
剪毛《jiǎnmáo》	カット(トリミング)
掉毛《diàomáo》	毛が抜ける
打疫苗《dǎ yìmiáo》	予防接種
绝育《juéyù》	避妊手術をする
体检《tǐjiǎn》	身体検査
发情《fāqing》	発情する

　神話や伝説は中国の伝統文化の一部で、『西遊記』や『聊斎志異(りょうさいしいい)』など、古くから伝わる小説には、動物が精霊になる話がたくさんあります。キツネの精、ウサギの精、蛇の精、蜘蛛の精など、一部の動物は修行を経て人間の姿になります。最近は、知的で人間の言うことが分かったり、人間のように行動する動物を「成精」と言います。

「的、地、得」を使って表現を豊かにしたい

音声142

他《Tā》的《de》爸爸《bàba》是《shì》
我《wǒ》的《de》数学《shùxué》老师《lǎoshī.》。

彼の父親は、私の数学の先生です。

「的」は
名詞に
付ける

中国人も「的、地、得」を誤って使ったり、便利なので「的」で代用することがあります。
意味には影響しませんが、正しくはありません。

「地」は
動詞/
形容詞に
付ける

我《Wǒ》很《hěn》快《kuài》地《de》
把《bǎ》作业《zuòyè》做完《zuòwán》了《le.》。

私は宿題を急いで済ませました。

「得」は
動詞/
形容詞に
付ける

你《Nǐ》今天《jīntiān》穿得《chuānde》
太《tài》美《měi》了《le!》！

今日の服、とてもすてきです！

家の購入 22 买房《Mǎifáng》

音読 ✓ ✓ ✓ ✓ ✓ 実践 ✓ ✓ ✓ ✓ ✓

音声143

朋友●你《Nǐ》将来《jiānglái》打算《dǎsuàn》买房《mǎifáng》吗《ma》？[1]

高桥●我《Wǒ》不是《bú shì》很《hěn》想买房《xiǎngmǎifáng》，可能《kěnéng》现在《xiànzài》日本《Rìběn》的《de》年轻《niánqīng》人《rén》都《dōu》不《bú》太《tài》想《xiǎng》买房《mǎifáng》吧《ba》，租房《zūfáng》就《jiù》足够《zúgòu》了《le》。一是《Yī shì》买房《mǎifáng》需要《xūyào》很《hěn》多钱《duō qián》，如果《rúguǒ》贷款《dàikuǎn》的话《de huà》就要《jiùyào》一直《yìzhí》还债《huánzhài》还《hái》很《hěn》多年《duō nián》。二是《Èr shì》感觉《gǎnjué》买了《mǎile》房《fáng》就《jiù》会《huì》把《bǎ》自己《zìjǐ》捆绑《kǔnbǎng》在《zài》一个《yí ge》地方《dìfang》，[2,3]说不定《shuōbudìng》以后《yǐhòu》我《wǒ》会《huì》想《xiǎng》去《qù》别《bié》的《de》地方《dìfang》住《zhù》。

友達●将来、家を買う気はある？

高橋●家を買いたいとは思わないな。今の日本の若者は家をあまり買いたいとは思わないかも、借りれば済むからね。まず、家を買うにはすごくお金がいるし、ローンを組むと何年も借金を返さなきゃいけない。それに、家を買ったらその場所に自分を縛りつける感じがするけど、後で別の所に住みたいと思うかもしれないじゃない。

単語 音声144

将来《jiānglái》	买房《mǎifáng》	租房《zūfáng》	足够《zúgòu》
将来	家を買う	家を借りる	足りる
贷款《dàikuǎn》	还债《huánzhài》	捆绑《kǔnbǎng》	说不定《shuōbudìng》
ローンを組む	借金を返す	縛る	~かもしれない

構文・フレーズ 音声145

「~しようと思う、~すると考える、~する気がある」は、「打算……」を。

本文1 你《Nǐ》将来《jiānglái》打算《dǎsuàn》买房《mǎifáng》吗《ma》?

例文 我《Wǒ》打算《dǎsuàn》明年《míngnián》结婚《jiéhūn》。

来年結婚する予定です。

「想」と「打算」の違い:
「我想明年结婚」は
相手がいるかどうか
分かりませんが、
「我打算明年结婚」は
相手がいます。

「一つは~もう一つは~」は、「一是……二是……」を。

本文2 一《Yī》是《shì》买房《mǎifáng》需要《xūyào》很《hěn》多《duō》钱《qián》,
二《èr》是《shì》感觉《gǎnjué》买了《mǎile》房《fáng》就《jiù》会《huì》把《bǎ》自己《zìjǐ》捆绑《kǔnbǎng》在《zài》一《yí》个《ge》地方《dìfang》。

例文 我《Wǒ》想《xiǎng》离职《lízhí》了《le》,一《yī》是《shì》工资《gōngzī》太《tài》低《dī》,
二《èr》是《shì》我《wǒ》不《bù》喜欢《xǐhuan》现在《xiànzài》的《de》上司《shàngsi》。

仕事をやめたいのは、一つに給料が安すぎること、
もう一つは今の上司が気に入らないことです。

「~気がする」は、「感觉……」を。

本文3 二《Èr》是《shì》感觉《gǎnjué》买了《mǎile》房《fáng》就《jiù》会《huì》把《bǎ》自己《zìjǐ》捆绑《kǔnbǎng》在《zài》一《yí》个《ge》地方《dìfang》。

例文 感觉《Gǎnjué》这个《zhège》发型《fàxíng》不《bú》是《shì》很《hěn》适合《shìhé》我《wǒ》。

この髪型は私にはあまり似合わないと思います。

14 住まい
15 生活環境
16 通勤
17 海外旅行
18 暇な時
19 趣味
20 仕事
21 ペット
22 家の購入
23 結婚式
24 病気
25 うわさ話

使える表現

音声146

你《Nǐ》现在《xiànzài》是《shì》租房《zūfáng》吗《ma?》？

今お住まいは、借家ですか？

我《Wǒ》的《de》房子《fángzi》是《shì》贷款《dàikuǎn》买《mǎi》的《de.》。

私の家はローンで購入しました。

日本《Rìběn》买房《mǎifáng》可以《kěyǐ》0《líng》首付《shǒufù.》。

日本では頭金ゼロで家が買えます。

我《Wǒ》觉得《juéde》租房《zūfáng》性价比《xìngjiàbǐ》更《gèng》高《gāo.》。

賃貸の方がコスパがいいと思います。

日本《Rìběn》的《de》房子《fángzi》和《hé》土地《tǔdì》是《shì》永久《yǒngjiǔ》产权《chǎnquán.》。

日本の家と土地は、永久に所有権があります。

我《Wǒ》可以《kěyǐ》给《gěi》你《nǐ》介绍《jièshào》房屋《fángwū》中介《zhōngjiè.》。

あなたに不動産屋を紹介できます。

买房《Mǎifáng》的《de》话《huà》经济《jīngjì》压力《yālì》太《tài》大《dà.》。

家の購入は経済的プレッシャーが大きすぎます。

我《Wǒ》打算《dǎsuàn》一辈子《yíbèizi》租房《zūfáng.》。

私は一生借家で過ごすつもりです。

関連単語

音声147

不動産

房屋《fángwū》	家
土地《tǔdì》	土地
房地产《fángdichǎn》	不動産
房价《fángjià》	家の値段
首付《shǒufù》	頭金
新房《xīnfáng》	新しい家
二手房《èrshǒufáng》	中古住宅
开发商《kāifāshāng》	デベロッパー
房产税《fángchǎnshuì》	家の固定資産税
固定《gùdìng》资产《zīchǎn》	固定資産

日本の若者に比べて中国の若者は、住宅の購入を希望します。伝統的に、家は生活が安定しているイメージがあるからです。ですので、多くの人が「有房」(持ち家)を結婚の条件と考えます。ただ現在、北京、上海、広州、深圳(セン)などの大都市では、住宅価格が非常に高額になり、何年働いても買えないので、賃貸住宅を選ぶ若者が増えてきています。

自己紹介 1
家族紹介 2
出身地紹介 3
学歴 4
中国語を勉強する理由 5
恋愛事情 6
好きなタイプ 7
お茶 8
お酒 9
伝統衣装 10
食生活 11
日本料理 12
中国料理 13

関連単語

音声148

不動産

房屋中介《fángwū zhōngjiè》 不動産屋	租赁《zūlin》 賃借する	看房《kànfáng》 内見する

押金《yājīn》 敷金	办手续《bàn shǒuxù》 手続きする
签约《qiānyuē》 契約書に署名する	登记《dēngjì》 登記
搬家《bānjiā》 引っ越し	投资《tóuzī》 投資
还贷《huándài》 ローンを返済する	利率《lilǜ》 利率

「～と思う」のバリエーションを増やしたい

音声149

我《Wǒ》想《xiǎng》
他《tā》一定《yídìng》是《shì》累《lèi》了《le.》。
彼は疲れているに違いないと思います。

「想」
客観的な考え

你《Nǐ》猜《cāi》他《tā》今年《jīnnián》几《jǐ》岁《suì?》？
彼は今年いくつだと思いますか？

「猜」
推測

「觉得」
主観的な思い

我《Wǒ》觉得《juéde》
他《tā》长得《zhǎngde》很《hěn》帅《shuài.》。
彼はめちゃめちゃ格好いいと思います。

「认为」
強い口調

我《Wǒ》认为《rènwéi》
中学生《zhōngxuéshēng》 不《bù》应该《yīnggāi》谈《tán》
恋爱《liàn'ài.》。
中学生は恋愛してはいけないと思います。

結婚式 23 婚礼《Hūnlǐ》

音読 ✓ ✓ ✓ ✓ ✓　実践 ✓ ✓ ✓ ✓ ✓

音声150

朋友●我《Wǒ》今年《jīnnián》要《yào》参加《cānjiā》日本《Rìběn》朋友《péngyou》的《de》婚礼《hūnlǐ》，有《yǒu》哪些《nǎxiē》要《yào》注意《zhùyì》的《de》？

高桥●参加《Cānjiā》日本《Rìběn》的《de》婚礼《hūnlǐ》，来宾《láibīn》需要《xūyào》穿得《chuānde》比较《bǐjiào》正式《zhèngshì》，男士《nánshì》穿《chuān》西装《xīzhuāng》，女士《nǚshì》穿《chuān》礼裙《lǐqún》。注意《Zhùyì》准备《zhǔnbèi》红包《hóngbāo》的《de》金额《jīn'é》一定《yídìng》要《yào》是《shì》单数《dānshù》哦《o》！[1] 看《Kàn》你《nǐ》和《hé》新郎《xīnláng》新娘《xīnniáng》的《de》亲疏《qīnshū》关系《guānxi》，[2] 通常《tōngcháng》包《bāo》5万《wǔ wàn》、3万《sān wàn》日元《rìyuán》。有《Yǒu》时间《shíjiān》的《de》话《huà》，可以《kěyǐ》准备《zhǔnbèi》一《yí》个《ge》节目《jiémù》现场《xiànchǎng》表演《biǎoyǎn》助兴《zhùxìng》。[3]

友達●今年、日本人の友達の結婚式に行くんだけど、何に注意すればいい？

高橋●日本の結婚式に行くなら、ゲストはフォーマルな服、男性はスーツ、女性はドレスを着なきゃ。ご祝儀の額は、必ず奇数じゃなきゃいけないことに気を付けて。新郎新婦との親しさによって、普通は5万か3万円を包む。時間が許せば、余興を仕込んでその場を盛り上げることもできるよ。

単語 音声151

婚礼《hūnlǐ》	来宾《láibīn》	穿《chuān》	正式《zhèngshì》	男士《nánshì》	
結婚式	ゲスト	着る	フォーマル	男性	
西装《xīzhuāng》	女士《nǚshì》	礼裙《lǐqún》	红包《hóngbāo》	金额《jīn'é》	单数《dānshù》
スーツ	女性	ドレス	祝儀	金額	奇数
新郎《xīnláng》	新娘《xīnniáng》	节目《jiémù》	表演《biǎoyǎn》	助兴《zhùxìng》	
新郎	新婦	出し物	披露する	場を盛りあげる	

構文・フレーズ 音声152

「～する/しないように気を付けて」は、「注意……(不)要……」を。

本文1 注意《Zhùyì》准备《zhǔnbèi》红包《hóngbāo》的《de》金额《jīn'é》一定《yídìng》要《yào》是《shì》单数《dānshù》哦《o》!

例文 注意《Zhùyì》吃饭《chīfàn》的《de》时候《shíhou》不要《bú yào》发出《fāchū》声音《shēngyīn》。

食事中は音を立てないように気をつけてください。

「～による、～次第」は、「看……」を。

本文2 看《Kàn》你《nǐ》和《hé》新郎《xīnláng》新娘《xīnniáng》的《de》亲疏《qīnshū》关系《guānxi》。

例文 看《Kàn》天气《tiānqì》再《zài》决定《juédìng》明天《míngtiān》去《qù》不《bu》去《qù》玩《wán》吧《ba》。

天気を見て明日行くかどうか決めましょう。

「～があれば、～してもいい」は、「有……的话,可以……」を。

本文3 有《Yǒu》时间《shíjiān》的《de》话《huà》，可以《kěyǐ》准备《zhǔnbèi》一《yí》个《ge》节目《jiémù》 现场《xiànchǎng》表演《biǎoyǎn》助兴《zhùxìng》。

例文 有《Yǒu》兴趣《xìngqù》的《de》话《huà》，可以《kěyǐ》随时《suíshí》联系《liánxì》我《wǒ》。

興味があれば、いつでも私にご連絡ください。

使える表現

音声153

你《Nǐ》能《néng》来《lái》参加《cānjiā》我《wǒ》的《de》婚礼《hūnlǐ》吗《ma》？
私の結婚式に来てもらえますか?

我《Wǒ》想《xiǎng》邀请《yāoqǐng》你《nǐ》来《lái》参加《cānjiā》我们《wǒmen》的《de》婚礼《hūnlǐ》。
私たちの結婚式にあなたを招待したいですのですが。

恭喜《Gōngxǐ》恭喜《gōngxǐ》，我《wǒ》一定《yídìng》来《lái》参加《cānjiā》。
おめでとうございます。必ず参加させていただきます。

我《Wǒ》准备《zhǔnbèi》在《zài》明年《míngnián》5月《wǔ yuè》办《bàn》婚礼《hūnlǐ》。
来年5月に結婚式を挙げる予定です。

要《Yào》随《suí》多少《duōshao》礼《lǐ》比较《bǐjiào》合适《héshì》？
どのくらい包むのが適切でしょうか?

他《Tā》婚礼《hūnlǐ》的《de》时候《shíhou》我《wǒ》当《dāng》他《tā》的《de》伴郎《bànláng》。
私は彼の結婚式で、彼の介添人をしました。

我《Wǒ》要《yào》在《zài》他《tā》的《de》婚礼《hūnlǐ》上《shang》表演《biǎoyǎn》节目《jiémù》。
彼の結婚式で出し物をするつもりです。

我《Wǒ》今天《jīntiān》参加《cānjiā》田中《Tiánzhōng》夫妇《fūfù》的《de》婚礼《hūnlǐ》。
今日は田中夫妻の結婚式に出席します。

関連単語

音声154

結婚

求婚《qiúhūn》	プロポーズ
戒指《jièzhi》	指輪
订婚《dìnghūn》	婚約する
结婚证《jiéhūnzhèng》	結婚証明書
领《lǐng》 证《zhèng》	証明書をもらう
结婚《jiéhūn》 照《zhào》	結婚写真
婚纱《hūnshā》	ウエディングドレス
彩礼《cǎilǐ》	結納金
伴郎《bànláng》	新郎の介添え人
证婚人《zhènghūnrén》	結婚式の立ち合い人
伴娘《bànniáng》	花嫁の介添え人
司仪《sīyí》	司会者
誓词《shìcí》	誓いの言葉
致辞《zhìcí》	あいさつをする
敬酒《jìngjiǔ》	酒をすすめる
喜糖《xǐtáng》	結婚式でふるまう飴
喜宴《xǐyàn》	結婚披露宴
随《suí》份子《fènzi》	祝儀を出す
仪式《yíshì》	儀式
随《suí》礼《lǐ》	祝儀を包む
典礼《diǎnlǐ》	式典
亲家《qìngjia》	夫婦の両親の関係
男方《nánfāng》	新郎側
女方《nǚfāng》	新婦側

中国人に時計や腕時計は贈り物として贈らないでください。中国語で「送钟《sòngzhōng》」(時計を送る)は「送终《sòngzhōng》」(最期をみとる)と同じ音なので、縁起が悪いとされます。また、「鞋子」(靴)や「伞」(傘)、「扇子」(扇子)にも、「送り出す」「別れる」など悪い意味があります。また、ご祝儀の金額は「いいことはペアでくる」という意味で、偶数を好みます。

祝福を伝えたい

音声155

結婚する方に

祝《Zhù》你们《nǐmen》幸福《xìngfú》美满《měimǎn》，
百年《bǎinián》好《hǎo》合《hé》。
あなた方が幸せに満ちあふれ、
末永く仲良くされますよう
お祈りしています。

祝《Zhù》二《èr》位《wèi》长长《chángcháng》久久《jiǔjiǔ》，
白《bái》头《tóu》偕《xié》老《lǎo》。
お二人が、共白髪(ともしらが)まで
添い遂げられますよう、
願っています。

誕生日のお祝いで

祝《Zhù》你《nǐ》生日《shēngri》快乐《kuàilè》，
天天《tiāntiān》开心《kāixīn》，身体《shēntǐ》健康《jiànkāng》。
お誕生日おめでとう。
日々楽しく元気に過ごされることを
祈っています。

祝《Zhù》爷爷《yéye》福《fú》如《rú》东海《dōnghǎi》，
寿《shòu》比《bǐ》南山《nánshān》。
おじいちゃんには、
長く永遠に東海に流れる水や、
南山の不老松のように
長生きしてほしいです。

開業の
お祝いで

祝《Zhù》生意《shēngyi》兴隆《xīnglóng》,
财源《cáiyuán》滚滚《gǔngǔn》。
商売繁盛し、
金回りがよくなりますよう
お祈りしています。

新年の
お祝いで

祝《Zhù》您《nín》新年《xīnnián》快乐《kuàilè》,
万事《wànshì》如意《rúyì》, 兔《tù》年《nián》大吉《dàjí》!
明けましておめでとうございます。
すべて思い通りになり、
良いうさぎ年と
なりますように。

受験される
方に

祝《Zhù》你《nǐ》金《jīn》榜《bǎng》题《tí》名《míng》,
大展《dàzhǎn》宏图《hóngtú》。
受験の合格と、
ご活躍を願っています。

病気 24 生病《Shēngbìng》

音読 ✓ ✓ ✓ ✓ ✓　実践 ✓ ✓ ✓ ✓ ✓

音声156

朋友●对不起《Duìbuqǐ》,我《wǒ》感冒《gǎnmào》发烧《fāshāo》了《le》,我们《wǒmen》可以《kěyǐ》改天《gǎitiān》吗《ma》?

山田●哎呀《Āiyā》,最近《zuìjìn》季节《jìjié》交替《jiāotì》,一《yí》不《bù》小心《xiǎoxīn》就《jiù》容易《róngyì》感冒《gǎnmào》生病《shēngbìng》[1]。都《Dōu》发烧《fāshāo》了《le》[2],那《nà》你《nǐ》得《děi》赶紧《gǎnjǐn》去《qù》医院《yīyuàn》看《kàn》一《yi》看《kàn》[3],千万《qiānwàn》不《bù》能《néng》拖《tuō》哦《o》。记得《Jìde》没事《méishì》多《duō》喝《hē》点《diǎn》热水《rèshuǐ》,每天《měitiān》多《duō》吃《chī》点《diǎn》维他命《wéitāmìng》C,这样《zhèyàng》感冒《gǎnmào》能《néng》好《hǎo》得《de》更《gèng》快《kuài》!你《Nǐ》这《zhè》几《jǐ》天《tiān》好好《hǎohao》休息《xiūxi》吧《ba》,等《děng》你《nǐ》身体《shēntǐ》恢复《huīfù》了《le》咱们《zánmen》再《zài》约《yuē》!

友達●ごめん、風邪で熱があるので、別の日にしてもらえないかな?

山田●おっと、最近は季節の変わり目だから、うっかりしてると、すぐ風邪ひいて具合が悪くなるよね。もう熱があるなら、すぐ病院に行って、診てもらわなきゃ。ぐずぐずしてちゃダメだよ。大したことなくても白湯をよく飲んで、毎日ビタミンCをよく摂ることを忘れないで。そうすれば、風邪はもっと早く治るから。2、3日ゆっくりして。元気になったら会いましょう。

単語 音声157

感冒《gǎnmào》	发烧《fāshāo》	改天《gǎitiān》	季节《jìjié》	
風邪	熱を出す	日を改める	季節	
交替《jiāotì》	小心《xiǎoxīn》	生病《shēngbìng》	拖《tuō》	热水《rèshuǐ》
変わり目	気を付ける	病気になる	引き延ばす	湯
维他命《wéitāmìng》	休息《xiūxi》	恢复《huīfù》		
ビタミン	休む	回復		

構文・フレーズ 音声158

「~する/なると~」は、「一……就……」を。

本文1 一《Yí》不《bù》小心《xiǎoxīn》就《jiù》容易《róngyì》感冒《gǎnmào》生病《shēngbìng》。

例文 我《Wǒ》一《yì》上《shàng》数学《shùxué》课《kè》就《jiù》想《xiǎng》睡觉《shuìjiào》。

数学の授業になると、とたんに眠たくなります。

「もう~になっちゃった」は、「都……了」を。

本文2 都《Dōu》发烧《fāshāo》了《le》，

例文 你《Nǐ》别《bié》说《shuō》了《le》，他《tā》都《dōu》生气《shēngqì》了《le》。

言わないで、もう彼が怒ってるから。

「ちょっと~する」は、「動詞+一+動詞……」を。「一」は省略できます。

本文3 那《Nà》你《nǐ》得《děi》赶紧《gǎnjǐn》去《qù》医院《yīyuàn》看《kàn》一《yi》看《kàn》。

例文 吃饱《Chībǎo》了《le》，想《xiǎng》去《qù》外面《wàimiàn》走《zǒu》(一《yi》)走《zǒu》。

お腹がいっぱいなので、ちょっと外に散歩に行きたいです。

使える表現

音声159

昨天《Zuótiān》开始《kāishǐ》喉咙《hóulóng》有点《yǒudiǎn》不《bù》舒服《shūfu》。

昨日からちょっと喉が痛いです。

最近《Zuìjìn》降温《jiàngwēn》，当心《dāngxīn》感冒《gǎnmào》。

最近気温が下がってきたので、風邪にお気を付けください。

我《Wǒ》昨天《zuótiān》晚上《wǎnshang》发烧《fāshāo》到《dào》40《sìshí》度《dù》。

昨夜、40度の熱が出ました。

昨天《Zuótiān》吃《chī》太《tài》辣《là》，今天《jīntiān》肚子《dùzi》不《bù》舒服《shūfu》。

昨日辛いものを食べすぎて、今日はお腹が痛いです。

你《Nǐ》今天《jīntiān》好好《hǎohao》休息《xiūxi》吧《ba》。

今日はゆっくり休んでください。

多《Duō》喝《hē》热水《rèshuǐ》，记得《jìde》按时《ànshí》吃《chī》药《yào》。

白湯をたくさん飲んで、時間通り忘れず薬を飲んでください。

如果《Rúguǒ》病情《bìngqíng》恶化《èhuà》，要《yào》及时《jíshí》去《qù》医院《yīyuàn》。

病状が悪化した場合、すぐ病院に行ってください。

祝《Zhù》你《nǐ》早日《zǎorì》康复《kāngfù》。

早く良くなるよう願っています。

関連単語

音声160

病気

生病《shēngbing》	病気になる
头痛《tóutòng》	頭痛
头晕《tóuyūn》	頭がふらふらする
流《liú》鼻涕《bíti》	鼻水が出る
咳嗽《késou》	咳
打《dǎ》喷嚏《pēnti》	くしゃみが出る
喉咙痛《hóulóng tòng》	喉の痛み
疲劳《píláo》	倦怠感
恶心《ěxin》	吐き気
拉《lā》肚子《dùzi》	お腹がゆるい
呕吐《ǒutù》	嘔吐する
中暑《zhòngshǔ》	熱中症
痒《yǎng》	かゆみ
酸《suān》	筋肉痛
麻《má》	麻痺
肿《zhǒng》	むくむ
胀《zhàng》	腫れ

中国人は生ものや冷たい食べ物、冷たい飲み物をあまり好みませんが、これは伝統的な中国医学の「食養生」という考えから来ています。冷たい食べ物は胃腸の不調を引き起こし、消化不良、腹痛、下痢につながると考えているからです。そのため中国人、特に年配の方は白湯や温かいお茶が好きです。ただ、中国人の食生活も変化していて、若い世代は冷たい物も飲みます。

関連単語 音声161

体

心脏《xīnzàng》	胃《wèi》	肝脏《gānzàng》	肺《fèi》	肾脏《shènzàng》
心臓	胃	肝臓	肺	腎臓
眼睛《yǎnjing》	耳朵《ěrduo》	鼻子《bízi》	嘴巴《zuǐba》	舌头《shétou》
目	耳	鼻	口	舌
脖子《bózi》	胸《xiōng》	肚子《dùzi》	肩膀《jiānbǎng》	四肢《sìzhī》
首	胸	腹部	肩	手足
屁股《pìgu》	大腿《dàtuǐ》	膝盖《xīgài》	小腿《xiǎotuǐ》	
お尻	大腿	膝	(ひざから足首まで)すね	
脚《jiǎo》		手臂《shǒubì》	手《shǒu》	手指《shǒuzhǐ》
(足首からつま先まで)足		腕	手	手の指

相手の意見を聞きたい

音声 162

「你看……可以吗?」で。

你《Nǐ》看《kàn》我们《wǒmen》下周《xiàzhōu》去《qù》吃饭《chīfàn》可以《kěyǐ》吗《ma》?

来週、一緒に食事に行けそうですか?

「能不能……?」で。

我们《Wǒmen》能《néng》不《bu》能《néng》打车《dǎchē》去《qù》酒店《jiǔdiàn》?

ホテルまでタクシーで行けませんか?

「……行吗?」で。

我《Wǒ》在《zài》学习《xuéxi》, 你《nǐ》把《bǎ》电视《diànshi》关了《guānle》行《xing》吗《ma》?

勉強しているので、テレビを消してもらえますか?

「……怎么样?」で。

我们《Wǒmen》下次《xiàci》一起《yìqǐ》去《qù》旅游《lǚyóu》怎么样《zěnmeyàng》?

今度一緒に旅行に行きませんか?

「要不……?」で。

明天《Míngtiān》有《yǒu》台风《táifēng》, 要不《yàobù》我们《wǒmen》下周《xiàzhōu》再《zài》见面《jiànmiàn》吧《ba》?

明日は台風なので、なんなら来週また会いませんか?

14 住まい
15 生活環境
16 通勤
17 海外旅行
18 暇な時
19 趣味
20 仕事
21 ペット
22 家の購入
23 結婚式
24 病気
25 うわさ話

うわさ話 25 八卦《Bāguà》

音読 ✓ ✓ ✓ ✓ ✓　実践 ✓ ✓ ✓ ✓ ✓

音声 163

朋友●你《Nǐ》知道《zhīdào》吗《ma》，小健《Xiǎojiàn》和《hé》萌子《Méngzǐ》他们《tāmen》竟然《jìngrán》在《zài》一起《yìqǐ》了《le》！[1]

高桥●真的《Zhēnde》假的《jiǎde》？我去《Wǒ qù》，这个《zhège》消息《xiāoxi》太《tài》震惊《zhènjīng》了《le》！萌子《Méngzǐ》不是《bú shì》小健《Xiǎojiàn》未婚妻《wèihūnqī》的《de》闺蜜《guīmì》吗《ma》？她《Tā》怎么《zěnme》会《huì》和《hé》小健《Xiǎojiàn》好上《hǎoshàng》了《le》？[2] 而且《Érqiě》上上《shàngshàng》个《ge》月《yuè》小健《Xiǎojiàn》还《hái》跟《gēn》我《wǒ》说《shuō》，他《tā》打算《dǎsuàn》年底《niándǐ》之前《zhī qián》结婚《jiéhūn》，怎么《zěnme》会《huì》突然《tūrán》就《jiù》劈腿《pǐtuǐ》了《le》呢《ne》？这《Zhè》到底《dàodǐ》是《shì》怎么《zěnme》回事《huíshì》啊《a》，[3]快说《kuài shuō》详细《xiángxì》一点《yìdiǎn》，我《wǒ》要《yào》吃瓜《chīguā》。

友達●知ってる？ なんと小健と萌子が付き合ってるって。

高橋●本当？ 嘘でしょう！ そのニュースは衝撃！ 萌子は小健の婚約者の親友だよね？ 彼女はどうやって小健と仲良くなったんだろう？ それに先々月、小健は年末までに結婚するつもりって私に言ってたのに、なんで突然二股をかけたの？ 一体何が起きたの。すぐもう少し詳しく教えて、いきさつが知りたくて仕方がない。

単語 音声164

在《zài》一起《yìqǐ》	付き合う
真的假的《zhēnde jiǎde》	本当に!?
我《wǒ》去《qù》	マジ!(ショックを受けたときの感嘆詞)
消息《xiāoxi》	ニュース
震惊《zhènjīng》	ショックである
未婚妻《wèihūnqī》	婚約者
闺蜜《guīmì》	女性の親友
好上《hǎoshàng》	付き合う
打算《dǎsuàn》	～するつもり
劈腿《pǐtuǐ》	二股をかける
详细《xiángxì》	詳しく
吃瓜《chīguā》	人のゴタゴタを興味津々で聞く

構文・フレーズ 音声165

「なんと」は、「竟然……」を。

本文 1
小健《Xiǎojiàn》和《hé》萌子《Méngzǐ》他们《tāmen》竟然《jìngrán》在《zài》一起《yìqǐ》了《le》！

例文
我《Wǒ》和《hé》他《tā》竟然《jìngrán》是《shì》同《tóng》一《yí》个《ge》高中《gāozhōng》毕业《bìyè》的《de》。
彼と私はなんと同じ高校を卒業しました。

「なんで～の?」は、「怎么会……(呢)?」を。

本文 2
她《Tā》怎么《zěnme》会《huì》和《hé》小健《Xiǎojiàn》好上《hǎoshàng》了《le》？

例文
你《Nǐ》怎么《zěnme》会《huì》把《bǎ》钥匙《yàoshi》弄丢《nòngdiū》了《le》？
なぜ鍵をなくしたのですか?

「いったい～?」は、「到底……?」を。

本文 3
这《Zhè》到底《dàodǐ》是《shì》怎么《zěnme》回事《huíshì》啊《a》？

例文
他《Tā》到底《dàodǐ》想要《xiǎngyào》什么《shénme》礼物《lǐwù》？
彼はいったいどんなプレゼントが欲しいでしょう?

自己紹介 1
家族紹介 2
出身地紹介 3
学歴 4
中国語を勉強する理由 5
恋愛事情 6
好きなタイプ 7
お茶 8
お酒 9
伝統衣装 10
食生活 11
日本料理 12
中国料理 13

使える表現

我《Wǒ》和《hé》女朋友《nǚpéngyou》是《shì》今年《jīnnián》年初《niánchū》在《zài》一起《yìqǐ》的《de》。
私と彼女は今年の初めに付き合い始めました。

这个《Zhège》男《nán》明星《míngxīng》出轨《chūguǐ》的《de》新闻《xīnwén》上《shàng》热搜《rèsōu》了《le》。
この人気俳優の浮気のニュースが、検索ランキングに上がっています。

这个《Zhège》女生《nǚshēng》好像《hǎoxiàng》是《shì》他《tā》的《de》小三《xiǎosān》。
あの子は、彼の愛人のようです。

最近《Zuìjìn》娱乐圈《Yúlèquān》的《de》瓜《guā》太《tài》多《duō》了《le》。
最近芸能界はうわさが多すぎる。

我《Wǒ》绝对《juéduì》不《bù》能《néng》接受《jiēshòu》另《lìng》一《yí》半《bàn》出轨《chūguǐ》。
パートナーの浮気は、絶対に許せません。

他俩《Tāliǎ》最近《zuìjìn》还《hái》顺利《shùnlì》吗《ma》？
最近彼らは上手くいってますか?

听说《Tīngshuō》他《tā》出轨了《chūguǐle》他《tā》的《de》一《yí》个《ge》同事《tóngshì》。
彼が同僚と不倫したと聞きました。

他们《Tāmen》的《de》地下《dìxià》恋情《liànqíng》被《bèi》媒体《méitǐ》曝光《bàoguāng》了《le》。
彼らの隠していた恋愛は、メディアに晒されました。

関連単語

音声167

绯闻《fēiwén》	男女関係のスキャンダル
爆料《bàoliào》	ネタバレ、暴露ネタ
曝光《bàoguāng》	暴露
谣言《yáoyán》	デマ
造谣《zàoyáo》	デマを飛ばす
传闻《chuánwén》	うわさ
隐私《yǐnsī》	プライバシー
丑闻《chǒuwén》	スキャンダル
出轨《chūguǐ》	浮気する
劈腿《pǐtuǐ》	二股をかける
真爱《zhēn'ài》	純愛
吃醋《chīcù》	やきもち
渣男(女)《zhānán (nǚ)》	ダメな男(女)
海王《hǎiwáng》	女をあさる男
备胎《bèitāi》	二番目の男・女
情敌《qíngdí》	恋のライバル
闪婚《shǎnhūn》	スピード婚
离婚《líhūn》	離婚
骗婚《piànhūn》	偽装結婚
家暴《jiābào》	家庭内暴力
PUA《PUA》	マインドコントロール
小三《xiǎosān》	愛人
吃瓜《chīguā》	ゴシップを楽しむ
粉丝《fěnsī》	ファン

「八卦」とは、もとは中国の殷の時代の哲学「易」の概念で、天と地の間に相互作用する8つの記号「卦(け)」を意味します。中国語の多くの単語の意味も時代とともに変化していて、今「八卦」と言うと、他人の私生活について話すことや、エンタメ業界のうわさやニュースのことです。同じように「网络」(網→インターネット)、「粉丝」(春雨→ファン)、「吃瓜」(スイカを食べる→ゴシップを楽しむ)も、新しい意味で使われています。

若者がよく使うスラングに慣れたい

音声168

「我去」

我《Wǒ》去《qù》，这《zhè》也《yě》太《tài》离谱《lípǔ》了《le》！
マジ！あり得ない！

「吐槽」

这《Zhè》件《jiàn》事情《shìqing》我《wǒ》真的《zhēnde》
是《shì》无力《wúlì》吐槽《tǔtǔcáo》。
これは突っ込む気にもならないよ。

「内卷」

最近《Zuìjìn》
上海《Shànghǎi》的《de》甜品《tiánpǐn》店《diàn》真的《zhēnde》
是《shì》太《tài》(内《nèi》)卷《juǎn》了《le》。
最近、上海のスイーツのお店は、
本当に競争が激しすぎる。

「淡定」

女朋友《Nǚpéngyou》跟《gēn》
我《wǒ》说《shuō》分手《fēnshǒu》的《de》时候《shíhou》，
我《wǒ》很《hěn》淡《dàn》定《dìng》。
ガールフレンドが
別れを切り出した時、
私はとても冷静でした。

「纠结」

好想买《Hǎo xiǎng mǎi》
新手机，但是好贵啊，《xīn shǒujī, dànshi hǎo guì a,》
真纠结。《zhēn jiūjié.》
新しいスマホが欲しいのですが、
すごく高くて
迷っています。

「靠谱」

他推荐的人绝对靠谱啊！《Tā tuījiàn de rén juéduì kàopǔ a!》
彼のオススメの人なので、
絶対に信頼できますよ。

「梗」

这个电影的《Zhège diànyǐng de》
台词已经变成了一个梗。《táicí yǐjīng biànchéngle yí ge gěng.》
この映画のセリフは、
もう流行のネタになっている。

「无语」

他每次都《Tā měicì dōu》
迟到半个小时，《chídào bàn ge xiǎoshí,》
真的很无语。《zhēnde hěn wúyǔ.》
彼はいつも30分遅刻するので、
本当に言葉を失います。

音声169

中国人がよく使うフレーズのリスト

哎呀《Āiyā.》。	おっと。	抱歉《Bàoqiàn.》。	申し訳ない。
彼此彼此《Bǐcǐ bǐcǐ.》。	お互い様。こちらこそ。	别闹了《Bié nào le.》。	やめて。冗談を言うな。
别误会《Bié wùhuì.》。	勘違いしないで。	不敢当《Bù gǎndāng.》。	恐れ入ります。（誉められた時、もてなされた時）
不好意思《Bù hǎoyìsi.》。	すみません、恐縮です。	不会吧《Bú huì ba.》。	まさか。
不急《Bù jí.》。	急いでません。急がないで。	不见不散《Bú jiàn bú sàn.》。	会えるまで待っています。
不可能《Bù kěnéng.》。	無理、ありえない。	不客气《Bú kèqi.》。	どういたしまして。どうぞおかまいなく。
不要脸《Bú yào liǎn.》。	厚かましい。	不要《Bú yào.》。	要らない。
不一定《Bù yídìng.》。	そうとは限らない。（客観的観測に基づく）	不用了《Bú yòng le.》。	結構です。
不用勉强《Bú yòng miǎnqiǎng.》。	無理はしないでください。	不用《Bú yòng.》。	必要ありません。
不早说《Bù zǎo shuō.》。	早く言ってよ。	不知道《Bù zhīdào.》。	知らないです。
不错《Búcuò.》。	良いですね。	不见得《Bújiànde.》。	そうとは思えない。（主観的観測に基づく）
不可否认《Bùkě fǒurèn.》。	否定はできない。	不可思议《Bùkěsīyì.》。	信じられない。
不行《Bùxíng.》。	ダメ。	当然《Dāngrán.》。	もちろん。
打扰了《Dǎrǎo le.》。	すみません、お邪魔します。	的确《Díquè.》。	確かに。

音声 170

对不起《Duìbuqǐ.》。	ごめん。
对了《Duìle.》。	そう言えば。
放心《Fàngxīn.》。	安心して。
干嘛《Gànmá.》。	（相手の行動を非難して）何をしたいの？
刚刚好《Gānggāng hǎo.》。	ちょうどいい。
搞错了《Gǎocuò le.》。	間違ってしまいました。
恭喜《Gōngxǐ.》。	おめでとう。
够了《Gòule.》。	もういい。
关你什么事《Guān nǐ shénme shì.》。	大きなお世話。
管他的《Guǎn tā de.》。	どうでもいいやって。
果然《Guǒrán.》。	やっぱりね。
还不错《Hái búcuò.》。	悪くない。
还好《Háihǎo.》。	まあまあです。
好久不见《Hǎo jiǔ bú jiàn.》。	久しぶり。
活该《Huógāi.》。	ざまぁみろ。
胡说《Húshuō.》。	でたらめを言うな。
急死人了《Jí sǐ rén le.》。	焦ったわ。
交给我吧《Jiāogěi wǒ ba.》。	私に任せて。
加油《Jiāyóu.》。	頑張って。
尽管开口《Jǐnguǎn kāikǒu.》。	何でも言ってください。
开玩笑的《Kāi wánxiào de.》。	冗談だよ。
看得出来《Kàndechūlái.》。	見て分かるよ。
考虑一下《Kǎolǜ yíxià.》。	考えてみて。
可不是《Kěbushi.》。	そうでしょう。
来不及《Láibují.》。	間に合わない。
了不起《Liǎobuqǐ.》。	すばらしい。
慢走《Mànzǒu.》。	（人を見送って）いってらっしゃい。お気を付けて。
马上《Mǎshàng.》。	今すぐ。
没关系《Méi guānxi.》。	構いません。

音声 171

Méi nà huí shì.	没那回事。	そんなことないよ。(謙虚なニュアンスではなく、不満のニュアンス)

Méi shénme.	没什么。	何でもない。	Méi wèntí.	没问题。	問題ない。
Méi bànfǎ.	没办法。	しょうがない。	Méicuò.	没错。	その通り。
Nà dào bú shì.	那倒不是。	それは そうじゃないけど。	Nà hái yòng shuō.	那还用说。	言うまでもない。
Nà jiù hǎo.	那就好。	それなら良かった。	Nà shì.	那是。	それはそうだ。
Nà yòu zěnyàng.	那又怎样。	だから何。	Nánguài.	难怪。	あ〜だからか!
Nǎyǒu.	哪有。	そんなことないよ。	Nǐ cāi.	你猜。	ちょっと当ててみて。
Nǐ hǎo.	你好。	こんにちは。	Nǐ shuō ne.	你说呢。	どう思う?
Píng shénme ?	凭什么?	なんでそうしなきゃ いけないの?	Qǐng yuánliàng.	请 原谅。	許して。
Qǐng zuò.	请坐。	座って。	Qìsǐ wǒ le.	气死我了。	頭にきた。
Ràng wǒ xiǎngxiǎng.	让我想想。	考えさせて。	Shùn qí zìrán.	顺其自然。	なるようになるさ。
Shuō de yě shì.	说的也是。	そうねえ。	Shuō lái huà cháng.	说来话长。	話せば長くなる。
Shuō shíhuà.	说实话。	実を言うと。	Sǐle zhè tiáo xīn ba.	死了这条心吧。	あきらめなさい。
Suànle.	算了。	もういいや。	Suíbiàn.	随便。	なんでもいいので あなたの好きにして。
Suíshí liánxì.	随时联系。	いつでも連絡して。	Tài hǎo le.	太好了。	よかった!

天呐《Tiān nà.》。	何てことだ。	挺好的《Tǐng hǎode.》。	いい感じ。
完了《Wán le.》。	しまった。	我爱你《Wǒ ài nǐ.》。	愛しています。
卧槽《Wò cao.》。	くそ～！、やばい！（正式な場や目上の人には使わない）		
我去《Wǒ qù.》。	え～っ、ショック。	无所谓《Wúsuǒwèi.》。	どうでもいい。
无语《Wúyǔ.》。	ノーコメント。	想都别想《Xiǎng dōu bié xiǎng.》。	無理だよ。不可能だ。
想不通《Xiǎngbutōng.》。	納得できない。	小心《Xiǎoxīn.》。	気をつけてね。
谢谢《Xièxie.》。	ありがとう。	习惯就好《Xíguàn jiù hǎo.》。	慣れればいいよ。
要不这样《Yàobù zhèyàng.》。	じゃあ こうしましょうか。	一定《Yídìng.》。	必ず。
应该的《Yīnggāi de.》。	（お礼を言われたとき）当然のことをしたまでですよ。		
有话直说《Yǒu huà zhíshuō.》。	言いたいことがあるならはっきり言って。		
原来如此《Yuánlái rúcǐ.》。	なるほど。	再见《Zàijiàn.》。	またね。
再说吧《Zàishuō ba.》。	あとで考えよう。	糟了《Zāole.》。	まずい。
怎么样《Zěnmeyàng》？	どうですか？	这才对嘛《Zhè cái duì ma.》。	そうでなくては。
真好《Zhēnhǎo.》。	いいですね。	真的假的《Zhēnde jiǎde.》。	本当に？ 嘘でしょう？
真是的《Zhēnshi de.》。	まったく！	至于吗《Zhìyú ma》？	そこまで言う？、 そこまでする？

著者プロフィール
ヤンチャン
楊小溪。中国四川省出身。2011年交換留学で来日、一橋大学大学院を修了。2017年から中国のSNSで日本の情報を発信し、中国人気ネット番組『東遊食記』、『和飯情報局』のレギュラー MCを担当。2019年からYouTubeで日本向けに中国語や中国文化などのコンテンツを配信。 中国のSNSとYouTubeのフォロワーは合計30万人超、日本でも20万人を獲得し上昇中。NHK『テレビで中国語』、『漢字ふむふむ』など多数のテレビ番組にも出演。 著書に『33地域の暮らしと文化が丸わかり！中国大陸大全』(KADOKAWA)がある。

ナレーション●王陽、ヤンチャン
王陽：NHKテレビ中国語学習番組でおなじみの、中国語インストラクター・マルチ映像クリエイター。「王陽のほぼ毎日中国語」https://www.youtube.com/@yoogaku

校正協力●船山明音

音声ダウンロード・ストリーミング

①PC・スマートフォンで本書の音声ページにアクセスします。
https://www.sanshusha.co.jp/np/onsei/isbn/9784384060881/
②シリアルコード「06088」を入力。
③音声ダウンロード・ストリーミングをご利用いただけます。

話《はなし》が弾《はず》む中《ちゅう》国《ごく》語《ご》

2024年 2 月20日　第 1 刷発行

著　者　ヤンチャン
発行者　前田俊秀
発行所　株式会社三修社
〒150-0001　東京都渋谷区神宮前2-2-22
TEL 03-3405-4511　FAX 03-3405-4522
振替 00190-9-72758
https://www.sanshusha.co.jp
編集担当　安田美佳子

印刷製本　日経印刷株式会社

ISBN978-4-384-06088-1 C2087

カバーイラスト●ルイルイ
カバーデザイン●白畠かおり